Kerstin Paulussen

Was ist los in meiner Gruppe?

Begleitung von Gruppenprozessen in Kita, Schule und Jugendhilfe

LAMBERTUS

Kerstin Paulussen

Was ist los in meiner Gruppe?

Begleitung von Gruppenprozessen in Kita, Schule und Jugendhilfe

LAMBERTUS

Bibliografische Information der Deutschen Nationalbibliothek

Die Deutsche Nationalbibliothek verzeichnet diese Publikation in der Deutschen Nationalbibliografie; detaillierte bibliografische Daten sind im Internet über http://dnb.d-nb.de abrufbar.

www.lambertus.de
Umschlaggestaltung: Nathalie Kupfermann, Bollschweil
Druck: Elanders GmbH, Waiblingen
ISBN 978-3-7841-3551-9
ISBN eBook 978-3-3552-6

Inhalt

Vorwort

Mit diesem Buch erhalten sozialpädagogische Fachkräfte in Ausbildung und Beruf sowie in Fortbildung, in Supervision oder als Coaches Tätige ein wissenschaftliches, systemisches und praxisorientiertes Lehr- und Handbuch, das die Analyse einrichtungsspezifischer Gruppensituationen in verschiedenen sozialpädagogischen Handlungsfeldern ermöglicht. Es stellt Bedarfe, potenzielle Handlungsnotwendigkeiten und darauf bezogene methodische Hinweise vor.

Die soziologischen Erkenntnisse zur Gruppendynamik werden fundiert und differenziert beschrieben und analysiert sowie ihre Anwendung in verschiedenen sozialpädagogischen Gruppenarten dargelegt.

Die Analysen und Empfehlungen basieren auf aktuellen wissenschaftlichen, systemischen Erkenntnissen und dem Bildungsverständnis im konstruktivistischen Sinn. Dabei werden neuere Erkenntnisse der Gruppendynamik, der Transitionsforschung, der Rollentheorie, des Leitungsverhaltens und der Konflikttheorien sowie der Konfliktbewältigung berücksichtigt.

Die Herstellung von Soziogrammen wird exemplarisch auf mehrere Situationen bezogen, beschrieben und mit methodischen Anregungen ergänzt, die eine praxisnahe und fundierte Gruppendarstellung ermöglichen.

Die Auswirkung und die Relevanz verschiedener Rahmenbedingungen und deren Gestaltungspotenzial, wie die Gestaltung des Tagesablaufs, des Leitungsverhaltens, des Umgangs mit Konflikten, werden aufgezeigt.

Damit kann die pädagogische Arbeit reflektiert und überprüft sowie das Verständnis für das Verhalten und die Bedürfnisse von Kindern und Jugendlichen erhöht werden, wodurch auch die Zufriedenheit mit der eigenen beruflichen Identität und der pädagogischen Arbeit gesteigert wird.

Die Inhalte des Buches beruhen auf meiner langjährigen Tätigkeit als Lehrkraft in der Ausbildung zur staatlich anerkannten Erzieherin an einer Fachschule für Sozialpädagogik und auf meinen Erfahrungen als DGSF- zertifizierte systemische Beraterin und (Familien-)Therapeutin in freiberuflicher Tätigkeit in der Beratung, Therapie sowie im Coaching und in der Fortbildung in sozialpädagogischen Einrichtungen.

Hückeswagen, Frühjahr 2023
Kerstin Paulussen

Einleitung

1 Die Bedeutung von Gruppen

Das Leben in Gruppen und in der Gemeinschaft hat für die Entwicklung des Menschen eine große Bedeutung. Hier kann er sich als Individuum in Abgrenzung zum Gegenüber erfahren und in seinem Handeln als selbstwirksam wahrnehmen (vgl. Tändler 2016). Der Sozialisationsprozess wird als ein co-konstruktiver Prozess bezeichnet, die Wechselwirkung des/der Einzelnen in und mit Gruppen hat daher eine zentrale Bedeutung (Hurrelmann 2015; Vygotski 2002; Festinger 2020 u. v. a. m.). Diese zentrale Bedeutung wurde bereits Anfang des 20. Jahrhunderts von Kurt Lewin (Lück 2001) mit seinen grundlegenden Arbeiten zu Gruppen und zur Relevanz der Gemeinschaft für das Individuum aufgezeigt (vgl. Lewin 1982; Anton/Stützel-Hebel 2017).

Gruppen

Wechselwirkung

Die auf Lewins Forschungen aufbauenden soziologischen und sozialpsychologischen Theorien haben zunehmende Bedeutung in den Erziehungswissenschaften erlangt und bilden, neben anderen, die Grundlage für das systemische Denken sowie für die systemische Erkenntnistheorie (Anton/Stützel-Hebel 2017). In den letzten Jahren entstand eine systemische Pädagogik, die Verhalten von Menschen nicht nur auf individuelle Eigenschaften bezogen betrachtet, sondern vor allem in Kontext der sozialen Beziehungen (Mosell 2016).

Systemisch

Im 20. Jahrhundert entwickelten sich zunehmend interdisziplinäre Forschungsgänge, welche die Wechselwirkungen zwischen den Einzeldisziplinen aufgriffen. Im schulischen Kontext wurden beispielsweise die Fächer Biologie, Physik und Chemie in der Sammelbezeichnung Naturwissenschaften zusammengefasst und unterrichtet.

Interdisziplinär

Analog dazu entwickelten sich die Erziehungswissenschaften. An den Fachschulen für Sozialpädagogik entstand in den 1980er-Jahren aus den Einzelfächern Pädagogik, Soziologie und Psychologie die Fächerbündelung Erziehungswissenschaften. Diese wurden ab den 1990er-Jahren, abhängig vom Bundesland, in der nachfolgenden Reform der Lehrpläne im Rahmen der Lernfelddidaktik um weitere Fächer wie Recht und Verwaltung, Methodik und Didaktik ergänzt und durch die Bezeichnung Sozialpädagogische Theorie und Praxis ersetzt (Lehrplan für Fachschulen der Sozialpädagogik NRW 2002 und Küls 2009).

In der sozialpädagogischen Praxis werden, basierend auf dem Situationsansatz (vgl. Krenz 2005), gemäß dem pädagogischen Kreislauf, für pädagogische Handlungen, Bedarfe, Zielformulierungen und dazu passende Methoden gefunden bzw. entwickelt. Zur Analyse werden etablierte Fachtheorien herangezogen: die konstruktivistische Lerntheorie, Entwicklungspsychologie, Bindungstheorie, Transition usw., um einige exemplarisch zu nennen. Dadurch finden zentrale Anforderungen einer zeitgemäßen, bedarfsorientierten und wertschätzenden Pädagogik ihre Erfüllung. Jedoch sind diese Theorien auf den einzelnen Menschen, dessen Befinden, Entwicklung und Erleben, bezogen. Diese sind zwar auch im Kontext mit und in einem sozialen Umfeld und teils auch zur Bewältigung der Beziehungen und Bedingungen relevant, jedoch nicht auf den sozialen Prozess und dessen Bedingungen an sich bezogen.

Systemische Pädagogik

Soziologische, systemische Theorien und gruppendynamische Aspekte werden in die pädagogische Praxis und die theoretische Vor- und Nachbereitung eher randständig einbezogen oder gar vernachlässigt (Behnischet al. 2013, S. 12). Möglicherweise beruht dies auf dem aus den 1980er-Jahren stammenden schlechten Image der Soziologie (vgl. Christenet al. 2022).

2 Gruppenpädagogische Herausforderungen

Sozialisation ist ein vielfältiger und wechselseitiger Anpassungsprozess. Einerseits passt sich das Individuum an gesellschaftliche Bedingungen an, andererseits wird vom Individuum Einfluss auf die gesellschaftlichen Bedingungen genommen (Anton/Stützel-Hebel 2017, S. 16–18). In seinen

10 Maximen zur produktiven Realitätsverarbeitung beschreibt Klaus Hurrelmann dies als einen gegenseitigen Prozess zunehmender Komplexität und Individualisierung (Bauer/Hurrelmann 2021, S. 132 ff.).

In diesem Zusammenhang stellt die Notwendigkeit zur Erarbeitung einer eigenständigen Identität (Marcia 1993) eine weitere Herausforderung für das Individuum dar. Zur Bewältigung dieser An- und Herausforderungen sind wiederum Kompetenzen erforderlich, die in komplexen und wechselseitigen sozialen Beziehungen erworben werden. Gemäß der systemischen Theorie sind diese erst in triadischen Beziehungen, also in Gruppen von mindestens drei Personen gegeben, da erst dort Komplexität entstehen kann. Dyadische Beziehungen, also Zweierbeziehungen, sind weniger komplex, sie pendeln sich gegenseitig ein und führen daher zu weniger Dynamik oder ggf. zu Stillstand. Daher kann Individualität nur in der Gruppe differenziert entwickelt, wahrgenommen und erlebt werden.

Identitätsenwicklung

Triadische Beziehungen

Aus diesen in Gruppen entstehenden gegenseitigen Anforderungen und Bedürfnissen ergibt sich ein Spannungsverhältnis zwischen den intra- und interpersonalen Bedürfnissen einer Person. Die Ausbalancierung des Spannungsfelds zwischen Individualität vs. Sozialität kann nur in der Gemeinschaft gelingen (Krappmann 2000 u. v. a. m.).

Individualität vs. Sozialität

Über diesen sich ausbalancierenden Prozess in Gruppen findet die Aneignung von Normen und Werten statt. Dabei handelt es sich um eine Anpassung an die Gemeinschaft, die einen sich konstruktiv entwickelnden Prozess darstellt. Die Gemeinschaft bzw. die Gruppe wirkt auf das Individuum ein. Da aber auch ein Individuum auf andere Individuen einwirkt, wird so eine Veränderung in der Gemeinschaft, respektive in der Gruppe, bewirkt. Ein Prozess, welcher als Co-Konstruktivismus bezeichnet ist, nur mit einem „Co" möglich ist und damit die Bedeutung von Gruppen unterstreicht.

Co-Konstruktivismus

Der Prozess des Ausbalancierens zwischen Ich-, Du-Bedürfnissen und -Interessen ist niemals abgeschlossen. Je nach Lebensphase und Bedürfnislage entstehen andere Gewichtungen. Die Balance muss daher immer wieder neu austariert werden. Verdeutlicht wird dies durch den Bedarf nach

Beratung, Coaching und Supervision in Arbeitsprozessen und in privaten Situationen, sowohl an und mit dem Individuum als auch in und mit Gruppen.

Bildungsverständnis

Dabei stehen Selbstbestimmung, Selbstbildung und Selbstentwicklung gemäß dem gegenwärtigen Bildungsverständnis (Schäfer et al. 2011) im Vordergrund. Dies liegt den Anforderungen unserer modernen demokratischen Gesellschaft zugrunde. Nicht mehr der folgsame und widerspruchlose Mensch, der im Zweifel mit geringem Wissen und geringer Bildung ausgestattet ist, wird gebraucht (vgl. Picht 1964), sondern der wissende, motivierte und verantortungsvolle Mensch, der „mündige Bürger".

Lerndispositionen

Das gegenüber den 1960er-Jahren veränderte Menschenbild und die komplexer werdenden gesellschaftlichen, wirtschaftlichen und sozialen Anforderungen führen zu einem anderen Lern- und Bildungsverständnis. Lernen im co-konstruktiven Verständnis hat daher in der schulischen und auch bereits in der (früh-)kindlichen Bildung eine große Bedeutung. Die Lerndispositionen sind hier grundlegend und relevanter als das Lernpensum, gemäß dem bekannten Zitat von Albert Einstein, „Phantasie ist wichtiger als Wissen, denn Wissen ist begrenzt" (Geo 1929). Daher sind individuelles Lernen, Co-Konstruktion, Sozialisation in Gruppen zunehmend bedeutend.

Selbstreferenzielle Gruppe – Selbststeuerung?

In der systemischen Theorie gelten Gruppen als autonome selbstreferenzielle (Sozial-)Systeme (König 2020, S. 20). Sind Gruppen daher nicht steuerbar und hat Gruppenpädagogik in sozialpädagogischen Handlungsfeldern wenig Relevanz? Kann Gruppenpädagogik somit vernachlässigt werden? Nein, denn der selbstreferenzielle Verlauf von Gruppen existiert in Abhängigkeit von den bestehenden Rahmenbedingungen. Gruppen sind zwar geschlossene Systeme, aber jeweils Teil eines übergeordnetem Systems, welches wiederum Einfluss nimmt. Demzufolge haben die Existenz von Gruppen, die Teilnahme an diesen, die Gestaltung von Rahmenbedingungen sowie die Analyse und die Begleitung von Gruppen eine hohe pädagogische Relevanz.

Gruppen existieren in vielen verschiedenen Variationen, in unterschiedlichen Kontexten und in unterschiedlicher

Kontinuität in verschiedenen Arbeitsfeldern. In den vielfältigen sozialpädagogischen Arbeitsfeldern unterliegen Gruppen unterschiedlichen Rahmenbedingungen, Sachzwängen und Wirkmechanismen. Bedarfe müssen daher differenziert wahrgenommen, betrachtet und analysiert werden, um sowohl pädagogisch angemessen reagieren, planen und handeln zu können, als auch die jeweils spezifisch notwendigen Rahmenbedingungen zu schaffen.

Teil A: Soziologische Grundlagen

1 Gruppen in der Soziologie

1.1 Gruppendefinition

Als Gruppe wird das Vorhandensein von mindestens drei Personen[1], welche eine direkte und dauerhafte Kontaktaufnahmemöglichkeit zueinander haben, bezeichnet. Ferner müssen die Personen miteinander in Beziehung stehen und gemeinsame Interessen und ggf. gemeinsame Ziele verfolgen (vgl. König 2020; Doer 1997). Durch gemeinsame Ziele entsteht ein Wir-Gefühl. Gruppen definieren sich nach Innen durch Gemeinsamkeiten und Identität: „Das sind wir." Nach außen grenzen sie sich durch Unterscheidung und Differenzierung ab: „Das sind die anderen."

Was eine Gruppe ausmacht

Innerhalb der Gruppe haben die Gruppenmitglieder untereinander Kontakt und befinden sich in einem Geflecht von Rollen, Rollenergänzungen und -erwartungen (Krappmann 2000). Durch Sanktionen bzw. durch Co-Konstruktion findet ein sich aufeinander beziehender Lern- und Anpassungsprozess statt.

Bedingt durch digitale Medien und digitale Kommunikation ist die Gruppendefinition dahingehend zu überprüfen und ggf. zu aktualisieren, inwiefern digitale Gruppen im Sinne der bisherigen Definition ebenfalls als Gruppe bezeichnet werden können.

[1] Fälschlicherweise werden z. T. bereits zwei Personen als Gruppe bezeichnet. Zwei Personen sind jedoch ein Paar, bei welchem es sich um eine dyadische Beziehung handelt. Eine Gruppe zeichnet sich dadurch aus, dass vielfältige triadische Beziehungen möglich werden (Vgl. Fuchs 2020; Reimann 2013).

1.2 Gruppengröße

Ein weiteres Definitionsmerkmal von Gruppen ist die Gruppengröße. Es wird zwischen Groß- und Kleingruppen unterschieden, in welchen die oben genannten Definitionsmerkmale in unterschiedlicher Qualität (noch) ausgeprägt sind. Je größer eine Gruppe ist, desto weniger kann z. B. das Definitionsmerkmal „direkte Kontakte" zwischen den Gruppenmitgliedern erfüllt werden.

Wenn die Anzahl der Mitglieder einer Gruppe sehr groß wird, nimmt zunächst die Anzahl der Kontaktmöglichkeiten zu. Jedoch stellen die Beziehungsmöglichkeiten untereinander ab einer bestimmten Gruppengröße eine Überforderung dar. „Wächst die Gruppe auf 20 Mitglieder an, verändert sich die Zahl [der Kontaktmöglichkeiten] auf 19 eigene Einzel-Beziehungen und 171 Zweierbeziehungen" (Geramanis 2017, S. 48). Dass diese große Anzahl an Kontaktmöglichkeiten eine Überforderung darstellt, ist leicht nachvollziehbar. Abhängig sowohl von der Art und dem Zweck der Gruppe als auch vom Alter der Gruppenmitglieder, wird eine Gruppengröße von ca. sieben bis 15 Personen als ideal bezeichnet (vgl. Geramanis 2017).

Anzahl bewältigbarer Individualkontakte

Von Gruppen sind Massen dadurch zu unterscheiden, dass o. g. Definitionsmerkmale nicht erfüllt werden können, da die Kontaktmöglichkeit der Gruppenmitglieder untereinander nicht mehr in ausreichender Qualität hergestellt werden kann.

Inwiefern in Großgruppen die direkte Kontaktaufnahme und in Abhängigkeit davon noch eine gemeinsame Zieldefinition und Zielverfolgung entstehen kann, ist fraglich und jeweils zu prüfen.

1.3 Gruppenarten

Wenn die Definitionsmerkmale einer Gruppe erfüllt sind, kann weitergehend untersucht werden, um welche Art von Gruppe es sich im jeweiligen konkreten Fall handelt (Doer 1997). Bei der Ermittlung der Art einer Gruppe können mehrere zentrale Merkmale als relevant betrachtet werden:

1.3.1 Formelle und informelle Gruppen

Eine grundlegende Unterscheidung besteht zwischen formellen und informellen Gruppen. Formelle Gruppen bilden sich nicht spontan und nicht eigenständig, sie werden aufgrund verschiedener formaler Merkmale zusammengefasst. Als Beispiele können Schulklassen, kollegiale Teams u.Ä. genannt werden.

Vielfältige Gruppenarten

Informelle Gruppen entstehen hingegen spontan und freiwillig. Die Grundlagen des Kontaktes sind hier u.a. Sympathie und gemeinsame Interessen. Zu den klassischen Beispielen lassen sich Freundschaftsgruppen und Peergroups zählen.

Informelle und formelle Gruppen sind häufig nicht exakt voneinander zu unterscheiden. Fußballgemeinschaften können sich beispielsweise aufgrund eines gemeinsamen Hobbys mehr oder weniger spontan bilden. Sie stellen dann eine informelle Gruppe dar.

Sobald das Interesse ernsthafter wird und z.B. an einer Meisterschaft teilgenommen werden soll, braucht es die Kenntnis und das Einhalten von Regelungen, eine professionelle Anleitung und eine Zugehörigkeit zu Organisationen und Verbänden. So hat sich aus einer zunächst informellen Gruppe eine formelle Gruppe entwickelt.

Wenn dieser Verein erfolgreich wird, die Anzahl der Mitglieder zunimmt und aus einer Kleingruppe eine Großgruppe geworden ist, werden sich aus dieser heraus eine oder mehrere Teilgruppen bilden. Mehrere Freundschaftskreise, Cliquen (informelle Gruppen) entstehen, der Übergang von einer Gruppenform zur anderen kann also fließend oder die Gruppenformen können auch koexistent sein.

1.3.2 Homogene und heterogene Gruppen

Eine weitere Gruppenart lässt sich anhand der Art der Zusammensetzung ermitteln. Gruppen können bzgl. verschiedener Merkmale homogen oder heterogen zusammengesetzt sein. Das Geschlecht, das Alter, das Interesse, der kulturelle Hintergrund etc. der einzelnen Mitglieder können unterschiedlich, ähnlich oder gleich sein.

Häufig bilden sich Gruppen zu einem bestimmten Zeitpunkt und lösen sich wieder auf, wenn z. B. der Zweck bzw. das Ziel erreicht wurde. Diese geschlossenen Gruppen haben einen gemeinsamen Start, lösen sich wieder auf und können in dieser Hinsicht als homogen bezeichnet werden. Schulklassen stellen ein Beispiel für geschlossene Gruppen dar.

Offene Gruppen verfügen hingegen über einen fließenden Zu- und Abgang der Gruppenmitglieder und sind deswegen bezogen auf den Start- und Endpunkt heterogen.

Als ein weiteres Beispiel für ein homogenes bzw. heterogenes Merkmal von Gruppen kann das Interesse einer Gruppe genannt werden. So können Interessengruppen oder Initiativen spezifische, homogene Interessen haben – bezogen auf weitere Merkmale, z. B. ihre politische Haltung, sind sie hingegen heterogen. Die Bürgerinitiative etwa ist homogen hinsichtlich ihres gemeinsamen Anliegens. Bezogen auf weitere Merkmale wie Geschlecht, Alter, soziales Milieu etc. sind die Teilnehmenden möglicherweise zufällig ähnlich, können sich jedoch auch unterscheiden. Interessengruppen sind i. d. R. offene Gruppen, da sie sowohl ein Ausscheiden der Mitglieder als auch ein Hinzustoßen neuer Mitglieder erlauben.

1.3.3 Primäre und sekundäre Gruppen

Weitere Gruppenarten werden aufgrund der Art der Beziehungen der Mitglieder untereinander unterschieden. Die primäre Gruppe ist eine überschaubare Einheit mit engen persönlichen Beziehungen unter allen Mitgliedern. Dies trifft auf die engere Familie und enge Freundschaftsgruppen etc. zu.

Sekundäre Gruppen sind dagegen eher durch unpersönliche, distanzierte und unübersichtliche Beziehungsmuster geprägt. Als Beispiel werden Verbände und Parteien genannt, aber auch Gruppen von Mitarbeitenden einer Firma/Institution werden als sekundäre Gruppen bezeichnet (Doer 1997).

1.4 Fazit

Wie aufgezeigt, können die Definitionsmerkmale in verschiedenen Kombinationen auftreten und unterliegen daher jeweils einer anderen Dynamik. Innerhalb oder aus Gruppen heraus können sich Sub-Gruppen bilden, welche ähnliche, andere oder möglicherweise gar gegenteilige Merkmale aufweisen.

Beispiel
Innerhalb einer größeren Gruppe von Kolleg:innen, die als formelle und sekundäre Gruppe zu bezeichnen wäre, können sich Freundschaftsgruppen bilden, die sich in der Freizeit treffen und private Interessen zu ihrem Anliegen machen. Diese wiederum können, bezogen auf einige Merkmale homogen, bezogen auf andere Merkmale heterogen sein.

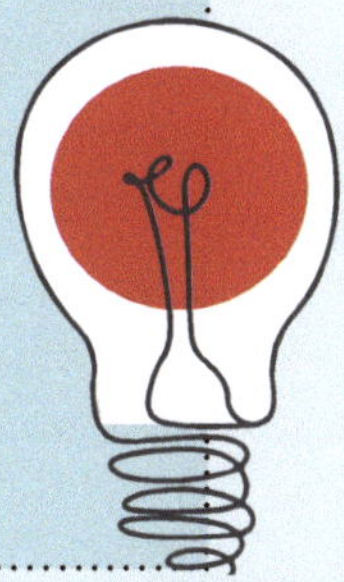

2 Gruppen in verschiedenen sozialpädagogischen Einrichtungen

Gruppen in sozialpädagogischen Einrichtungen setzen sich unterschiedlich zusammen und unterliegen somit jeweils eigenen Prozessen. Deshalb ist es erforderlich, Gruppen in den verschiedenen Einrichtungen unter gruppenspezifischen Aspekten zu betrachten. Nur so sind sie zutreffend zu analysieren und ein damit verbundenes, fachlich begründetes pädagogisches Handeln kann geplant und umgesetzt werden.

2.1 Kita-Gruppe – Definition und spezifische Analyse

Eine Kita-Gruppe setzt sich, je nach Gruppenform, aus 10, 15, 20 oder 25 Kindern zusammen (KiBiZ, Kinderbildungsgesetz NRW 2020). Diese Gruppe ist in Bezug auf Geschlechts-, Sozial- und Altersstruktur heterogen.

Aufgrund der Altersstruktur kann eine Kita-Gruppe in drei unterschiedliche formelle Gruppen eingeteilt werden: Kinder, die im Sommer in die Schule gehen werden; Kinder, die gerade erst in die Kita eingewöhnt wurden und Kinder, die dazwischen liegen. Eine einheitliche Kita-Gruppe gibt es nicht, sie besteht immer aus mindestens drei verschiedenen Altersgruppen.

Viele unterschiedliche Sub-Gruppen

Neben diesen drei formellen (Alters-)Gruppen gibt es verschiedene Spielgemeinschaften, die als freiwillige, daher informelle und ggf. primäre Sub-Gruppen bezeichnet werden können. Vermutlich haben diese eine relativ große Homogenität bzgl. der Alters- und teilweise auch bzgl. der Geschlechterstruktur.

Die Merkmale der formellen und informellen Gruppen vermischen sich in den Kita-Gruppen.

Die formelle Gruppe der Vorschulkinder, die je nach Anzahl der Kinder aus mehreren informellen Sub-Gruppen, den Spielgemeinschaften, bestehen kann, grenzt sich häufig von den anderen Kindern der Gesamtgruppe ab.

Möglicherweise begegnen sich die Vorschulkinder und die anderen Kinder der Kita-Gruppe nur in Morgenrunden, beim Mittagessen oder anderen Ereignissen, die sich auf die Gesamtgruppe beziehen. Dort treffen alle Kita-Kinder als formelle, sekundäre Gesamtgruppe aufeinander.

2.2 Schulklasse – Definition und spezifische Analyse

Eine Schulklasse setzt sich aus 20–30 Kindern eines schulpflichtigen Jahrgangs, meist aus einem der Schule nahegelegenen Wohnbezirk zusammen. Bei einer Schulklasse ist der Anfangs- und Schlusspunkt festgelegt, lediglich Umzüge, das Wiederholen oder das Überspringen einer Klasse durch Einzelne verändert die Gruppenzusammensetzung geringfügig.

Auf Dauer angelegte Gruppenzusammensetzung

Im Allgemeinen erfolgt die Einteilung einer Klasse nach formellen Merkmalen. Wenn mehrere Parallelklassen eines Jahrgangs gebildet werden, wird entweder beliebig zusammengefasst oder es werden formelle Merkmale wie Wohnort, Buskinder etc. vorrangig für die Gruppenbildung berücksichtigt. Im Zuge dessen können auch Merkmale informeller Gruppen wie Freundschaften miteinbezogen werden.

Die Struktur in Schulklassen ist von Regelungen, Normen und Gesetzen geprägt. Sie ist daher eine sekundäre und formelle Gruppe, die bzgl. des Startpunktes als homogene bzw. geschlossene Gruppe bezeichnet werden kann.

In Bezug auf die Geschlechterzusammensetzung ist sie heterogen, sicherlich auch in Bezug auf die Motivation und die sozialen Voraussetzungen. Hinsichtlich der Altersstruktur ist die Schulklasse im Regelfall homogen.

Innerhalb einer Klasse bilden sich im Laufe der Zeit Freundschaftsgruppen von ca. drei bis sechs Personen, die meist als weniger erwünschte Cliquenbildung bezeichnet wird. Jedoch können und sollten diese Cliquen auch als funktionierende Sub-Gruppen einer idealen Gruppe betrachtet werden, die über informelle und primäre Merkmale (freiwillig, überschaubar und von persönlichen Beziehungen geprägt) verfügen. Eine Großgruppe kann nur mit Sub-Gruppen funktionieren.

Cliquenbildung

2.3 Offene Ganztagsschule – Definition und spezifische Analyse

Die Teilnahme an der Offenen Ganztagsschule (OGS) ist freiwillig bzw. die Eltern entscheiden darüber, ob das eigene Kind dort betreut wird. In den Offenen Ganztagsschulen wird mit unterschiedlichen Konzepten gearbeitet, daher treffen die Kinder am Nachmittag nicht unbedingt in derselben Konstellation aufeinander, wie sie am Vormittag in der Unterrichtssituation bestand. Häufig werden mehrere Jahrgänge zusammengefasst, meist nach organisatorischer Notwendigkeit, die z.B. die Organisation des Mittagessens betreffen kann.

Organisatorische Herausforderung

Bei diesen formellen Gruppen handelt es sich häufig um Großgruppen. Die Organisation der Lernzeit richtet sich meistens nach formalen Kriterien; die Kinder einer Klasse werden z.B. wegen derselben Hausaufgaben zusammengefasst.

Die Gruppenbildung am Nachmittag ist abhängig vom Konzept und damit von der Art der Freizeitgestaltung in der OGS. Häufig finden Arbeitsgemeinschaften (AGs) statt, die nach dem Prinzip der Freiwilligkeit und Interessenorientierung gebildet werden (sollen). Da in der Altersgruppe der Grundschulkinder (Krappmann 2000) hingegen eher bestehende Freundschaftscliquen handlungsleitend und wahlentschei-

Freundschaften

dend sind, werden sich diese Cliquen auch bei der Zusammensetzung der AGs wiederfinden.

Freizeitgestaltung

Eine individuelle Interessenorientierung bei der Wahl der Freizeitaktivität am Nachmittag wird daher nur in Ausnahmefällen stattfinden. Je mehr Kinder bei der AG-Wahl oder bei anderen Gruppenbildungen zugunsten bekannter Beziehungen vorgehen, desto weniger werden sie wiederum eine interessenorientierte Wahl treffen. Hier wird die Problematik des AG-Konzepts zur Freizeitgestaltung in OGS deutlich.

Vielfältige und gut begleitete Freispielgestaltung im Gebäude und auf dem Gelände sowie niederschwellige Angebote wären einer Interessenorientierung bei der Freizeitgestaltung förderlich.

2.4 Jugendhilfe – Definition und spezifische Analyse

In einer (Klein-)Gruppe der stationären oder teilstationären Jugendhilfe treffen üblicherweise ca. drei bis zehn Kinder und/oder Jugendliche aufeinander, die aus unterschiedlichen familiären Kontexten kommen. Die Gemeinsamkeit der Gruppenmitglieder ist eine mehr oder weniger freiwillige Unterbringung außerhalb ihrer Ursprungsfamilie, innerhalb eines stark strukturierten und normierten Kontextes. Der Kontakt der Mitglieder untereinander kann als Zwangsgemeinschaft empfunden werden und von Ablehnung geprägt sein. Parallel zur gegenwärtigen Lebenssituation existieren ggf. intensive Peergruppenbeziehungen außerhalb der Einrichtung.

Krisenbehaftete Situation

Trotzdem ist es möglich, dass einzelne Kontakte von Sympathie und Freiwilligkeit geprägt sind. Die dortigen Beziehungen können auch eine Ersatzfunktion für schwierige oder verlorene Kontakte haben.

Je nach Konzept und Auftrag der Einrichtung kann die Fluktuation der Kinder und Jugendlichen hoch sein. Die Altersstruktur wird meistens annähernd homogen sein. Ist die Einrichtung familienähnlich konzipiert, ist sie auf Dauer angelegt und hat eine geringere Fluktuation und wahrscheinlich eine breite Altersspanne.

2.5 Freizeiteinrichtung – Definition und spezifische Analyse

In Freizeiteinrichtungen, Jugendzentren o. Ä. treffen Kinder und Jugendliche einer sehr breiten Alterspanne in einem lockeren Verbund eher unverbindlich aufeinander. Es gibt eine Vielzahl von koexistierenden und über den Tagesablauf verteilte Aktionspunkte für unterschiedliche (Ziel-)Gruppen. Es handelt sich um informelle Freizeitgruppen, die sowohl gemeinsame als auch unterschiedliche Interessen suchen und verfolgen können. Es kann dort bzgl. des Geschlechts sowohl homogene als auch heterogene Gruppen geben. Dabei bilden sich unverbindliche lockere Gruppen mit wechselnd teilnehmenden Personen, beispielsweise zum Billard spielen. Bezogen auf den Beginn und die Auflösung haben diese Gruppen einen offenen Charakter.

Unverbindliche Gruppensituation

Die Altersstruktur in diesen informellen Gruppen wird überwiegend homogen sein. Eine temporäre Projektgruppe, z. B. einer Theaterinitiative, kann wiederum durchaus heterogen sein. Für ein Theaterprojekt finden sich Personen zusammen, die gemeinsame verbindliche Proben und die anschließende Präsentation anstreben, darüber hinaus aber möglicherweise wenige Berührungspunkte haben.

3 Gruppendynamik

Der Begriff Gruppendynamik bezeichnet die sich wandelnden Beziehungs- und Verhaltensmuster zwischen den Gruppenmitgliedern, welche sich aus dem zeitlichen Ablauf, bezogen auf den Start- und Endpunkt einer Gruppe, ergeben. Die daraus entstehenden Phasen weisen spezifische Merkmale auf, die aus der sich verändernden Art der Beziehungen der Gruppenmitglieder untereinander resultieren.

Gruppen sind nicht statisch

Die Gruppendynamik wird in fünf Phasen (Bernstein 1988) eingeteilt. Zunächst wird die Orientierungsphase, gefolgt von der Machtkampf-/Rollenfindungsphase durchlaufen, auf die die Wir-Phase und dann die Differenzierungsphase folgen. Die letzte Phase wird als die Abschlussphase bezeichnet.[2]

3.1 Phasen der Gruppendynamik

Orientierung

Die erste Phase ist die Orientierungsphase. Die Gruppe ist gerade erst zusammengekommen, die Mitglieder sind sich fremd, die räumlichen, personalen und organisatorischen Gegebenheiten sind unbekannt. Diese Gesamtsituation führt zur Verunsicherung.

Die pädagogische Arbeit in dieser Phase sollte darauf ausgerichtet sein, die Gegebenheiten, Bedingungen, Regeln, Räumlichkeiten etc. vertraut zu machen und ein gegenseitiges Kennenlernen zu ermöglichen.

Vertrautheit und Sympathien entstehen, Freundschaften entwickeln sich. Daraus ergeben sich Solidarisierungen, Personen positionieren sich zueinander oder grenzen sich voneinander ab. In größeren Gruppen bilden sich Sub-Gruppen.

Dysfunktional ist der Verlauf der Gruppendynamik in dieser Phase, wenn die Eingewöhnung, das gegenseitige Kennenlernen und die gegenseitige Anpassung nicht gelingen. Diese Phase ist die Grundlage für alle weiteren Phasen. Die Wahrscheinlichkeit des positiven Verlaufs der nachfolgenden Phasen erhöht sich, wenn die Orientierungsphase einen günstigen Verlauf genommen hat.

Rollenfindung

Daraus entwickelt sich die nächste Phase, die als Machtkampf- oder auch als Rollenverteilungsphase bezeichnet wird. Darin geht es um die Rollen und Positionen der Gruppenmitglieder: In welcher Rolle möchte ich in meiner Gruppe oder Sub-Gruppe wahrgenommen werden? Welche Position möchte ich einnehmen? Welche Rolle/Position gestehe ich anderen zu? Welche wird mir zugestanden? Wer ergänzt sich mit wem?

---

[2] B. Tuckman definierte ursprünglich lediglich vier Gruppenphasen mit den Bezeichnungen Forming, Storming, Norming, Performing, die ähnlich oder gar analog zu denen von Bernstein und Lowy existieren und ähnliche pädagogische Handlungen erforderlich machen. Später wurden diese um eine fünfte Phase, als Adjourning bezeichnet, ergänzt.

Ein Prozess, der nicht konfliktfrei verläuft. Freiräume zum Ausprobieren und Finden von Rollen und Positionen und zur Selbstregulation sind erforderlich. Die pädagogisch notwendige Begleitung besteht in der Moderation, Unterstützung und ggf. in der Streitschlichtung. Notwendige Regeln müssen ermittelt und vermittelt werden. Hierzu sind viele Gruppen- und Einzelgespräche erforderlich. Wird bei der Regelermittlung ein hohes Maß an Partizipation ermöglicht, erhöht das die Wahrscheinlichkeit der Akzeptanz.

Auch die Position der sozialpädagogischen Fachkräfte wird herausgefordert und getestet. Die Gruppenleitung muss hier eine angemessene, lebbare Rolle und einen passenden Erziehungs- bzw. (Gruppen-)Führungsstil finden (vgl. Kap. 13 Gruppenleitung).

Zum dysfunktionalen Verlauf der Gruppendynamik in dieser Phase führen folgende Situationen: Rollen werden nicht gefunden, bleiben unklar und umstritten (Belbin 2010) oder wichtige Rollen werden nicht besetzt (WPGS 2021); seitens der pädagogischen Fachkräfte werden keine verbindlichen Regeln und Normen entwickelt, Konsequenzen auf Regelverletzungen sind willkürlich, nicht transparent und nicht nachvollziehbar.

Wir-Gefühl

Die sich nun anschließende Wir-Phase ist gekennzeichnet durch zunehmende Vertrautheit der Gruppenmitglieder untereinander und durch Abgrenzung nach außen. Wir-Merkmale und-Symbole werden von der Gruppe festgelegt, eingehalten und auch eingefordert. Die Anforderungen an die Gruppenidentität steigen, Positionskämpfe sind abgeschlossen, weshalb einfache Kooperationsaufgaben möglich sind.

Die Entstehung von Sub-Gruppen ist bei größeren Gesamtgruppen notwendig, damit sie sich als Gruppe formieren und identifizieren können (vgl. S. 18 Gruppengröße). Daher sollte deren Bildung zugelassen werden. Sub-Gruppen stellen kein Merkmal einer gruppendynamischen Dysfunktion dar. Teils wird die Gruppenidentität durch Abwertung oder Ausgrenzung anderer (Sub-)Gruppen hergestellt. Hier muss ein passendes Maß gefunden werden, welches Identität ermöglicht, ohne andere zu diskriminieren.

Dysfunktional ist der Verlauf der Gruppendynamik in dieser Phase, wenn kein Wir-Gefühl entsteht und kein angemessenes Konfliktlösungsverhalten gefunden wird, was zu andauernden, nicht lösbaren Konflikten führen kann.

Zusammengehörigkeit

In der folgenden Differenzierungsphase erreicht das Wir-Gefühl die höchste Intensität und Stabilität. Freiräume und Räume können großzügig zugestanden werden; die Fachkraft kann sich angemessen zurückhalten und Raum für Selbstorganisation entstehen lassen.[3]

Durch die Differenzierung wird das Wir-Gefühl verstärkt. Das ist die Zeit, in der zunehmend komplexere Gruppenaufgaben vergeben bzw. übernommen werden und viel Eigeninitiative gezeigt wird. Projekte werden von der Gruppe weitgehend eigenständig gefunden und durchgeführt, sie brauchen angemessene Unterstützung bei der Durchführung und ggf. bei Problemen.

Dysfunktional ist der Verlauf der Gruppendynamik in dieser Phase, wenn keine kollektive Selbstwirksamkeitsüberzeugung in Anlehnung an Bandura (1994) entwickelt oder aufrechterhalten werden konnte und die Gruppe in eine Lethargie verfällt. Ebenso ist der Verlauf dysfunktional, wenn es zu einer übermäßigen Zusammengehörigkeit kommt und Individualität sowie abweichende Meinungen nicht mehr zugelassen werden (vgl. S. 63). Problematisch kann hier auch eine Diskreditierung und Diskriminierung anderer Gruppen werden, wenn diese vorgenommen werden, um ein fehlendes, aus sich selbst heraus gebildetes Wir-Gefühl zu kompensieren.

Verabschiedung

In der letzten Phase, der Abschiedsphase, ist allen Gruppenmitgliedern bewusst, dass bald ein neuer (Lebens-)Abschnitt beginnt und sich das Zugehörigkeitsgefühl zur Gruppe auflösen wird. Einige werden im Anschluss dieselbe Schule besuchen und diesen Weg gemeinsam beschreiten, andere Wege werden sich hier trennen. Die Ausrichtung des Denkens, Fühlens und Handels ist auf die Zukunft gerichtet, während gleichzeitig eine Trennung von Bekanntem und

[3] Differenzierung wird hier häufig im Sinne von Differenzen oder Auseinandersetzungen verstanden. Sich von anderen zu differenzieren meint sich abgrenzen.

Geschätztem eingeleitet, verarbeitet und bewältigt werden muss. Bislang weniger geschätzte, aber akzeptierte Anteile des Gruppengeschehens werden nicht mehr toleriert, sodass diese nun wieder zu Konflikten führen können. Eine sogenannte Trennungsaggression kann sich bei Einzelnen entwickeln, die dazu dient, den Trennungsschmerz zu mindern.

Dysfunktional ist der Verlauf der Gruppendynamik in dieser Phase, wenn sich eine depressive oder gar angstgeprägte Haltung bei Gruppenmitgliedern ausbreitet, wenn am Altbekannten schmerzhaft festgehalten oder dieses sogar idealisiert wird. Dies verhindert oder behindert die Öffnung für das Neue und die Vorbereitung auf den neuen Lebensabschnitt.

Die pädagogische Arbeit besteht darin, diesen Prozess in dieser Ambivalenz zu erkennen und ihn einerseits vorzubereiten, indem der neue Lebensabschnitt besprochen und erkundet und andererseits Zurückliegendes angemessen erinnert und gewürdigt wird. Der Abschied wird begleitet und gestaltet, ohne die zurückliegende Zeit zu romantisieren, weil dadurch der Abschied zusätzlich problematisiert würde (vgl. Griebel 2011). Das bevorstehende Neue und Unbekannte löst analog zur zurückliegenden Orientierungsphase wieder Unsicherheit und Orientierungsbedarf aus, muss somit analog zu dieser begleitet und vorbereitet sowie an dem neuen Ort erneut durchlaufen werden.

3.2 Verlauf der Gruppenphasen

Der idealtypische Verlauf der oben dargestellten Gruppenphasen würde sich linear und aufeinander aufbauend, einer Normalverteilung gleich, wie folgt darstellen:

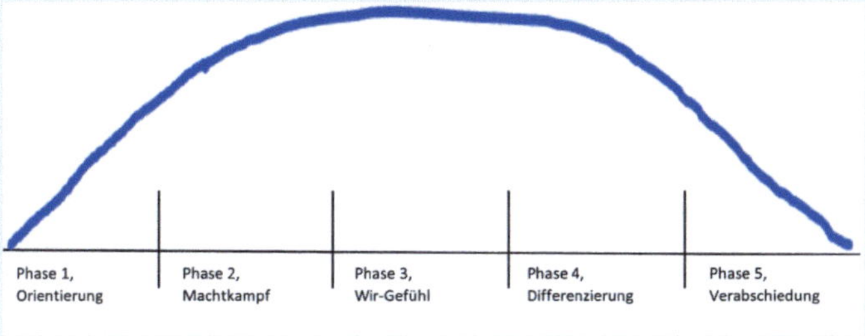

Abbildung 1 Idealtypischer Gruppenverlauf

Dieser ideale Verlauf setzt einen gemeinsamen Start- und Endpunkt der Gruppe voraus, der jedoch nicht bei allen Gruppenarten gegeben ist.

Für offene Gruppen, die durch teilweise Abgänge einzelner Gruppenmitglieder und eine sukzessive Aufnahme neuer Mitglieder geprägt sind, wird sich infolgedessen ein regressiver und variantenreicher Verlauf der Gruppenphasen ergeben.

Abbildung 2
Realer Gruppenverlauf

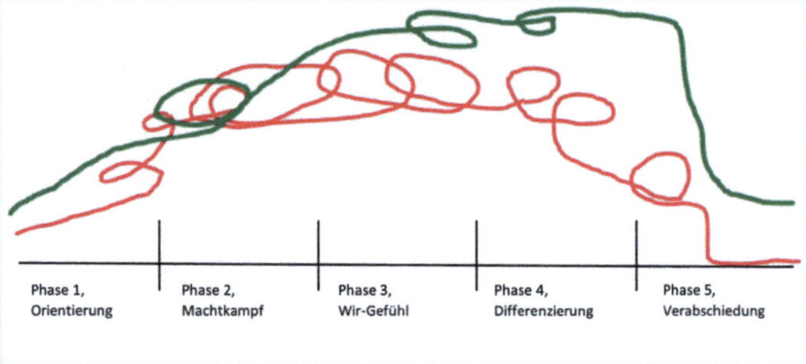

Die Abschiedsphase setzt ggf. erst sehr spät ein und hat einen nur kurzen, aber möglicherweise heftigen Verlauf. Stellt sich die Abschiedsphase schon sehr früh ein, wird die Differenzierungsphase möglicherweise weniger intensiv durchlebt und ist in ihrem zeitlichen Verlauf kürzer. In Gruppen mit einer hohen Fluktuation werden bestimmte Phasen, vornehmlich die Differenzierungsphase, u. U. nicht erreicht.

Vielfältige Verläufe der Gruppendynamik

Verläufe von gruppendynamischen Phasen sind sehr unterschiedlich und von der Gruppe abhängig. In der einen Gruppe sind die Mitglieder schnell miteinander vertraut, in der anderen ist die Machtkampf- und Rollenfindungsphase sehr anhaltend oder wiederum die Differenzierungsphase ausgeprägt. Auch das Ausscheiden oder das Hinzukommen eines neuen Gruppenmitgliedes hat Auswirkungen, insbesondere durch das Konstrukt der Rollenverteilungen, da diese nur in gegenseitiger Akzeptanz existieren können (vgl. S. 37). Da diese Veränderung oder das temporäre Fehlen einzelner Gruppenmitglieder Auswirkung auf das gesamte Setting haben, variiert die Anzahl der Regressionen.

Der Verlauf der einzelnen Phasen ist sowohl abhängig von der Art der Gruppe (vgl. S. 21), der Dauer des Bestehens, der Individualität und des Alters der Gruppenmitglieder als auch von weiteren Rahmenbedingungen. Die Veränderung der äußeren Umstände wie räumliche oder personelle Veränderungen, Änderung von Zuständigkeiten und der Wechsel des Personals kann Einfluss auf den Verlauf der Gruppendynamik nehmen. Deutlich wird, dass Strukturen und Rahmenbedingungen Einfluss auf den Phasenverlauf haben.

Grundsätzlich kann davon ausgegangen werden, dass die Qualität des Verlaufs der gegenwärtigen Phase Einfluss auf die Qualität der nachfolgenden Phase hat.

3.3 Fazit

Die Art der Institution, deren jeweiligen Strukturen und organisatorischen Bedingungen haben zur Folge, dass sich spezifische Gruppenstrukturen bilden, welche wiederum Einfluss auf die Gruppendynamik haben. Die Gruppenarten und -situationen (vgl. S. 18f.) in Freizeiteinrichtungen werden eher unverbindlich und/oder temporär sein, in Jugendhilfeeinrichtungen sind die Gruppen weniger freiwillig zusammengesetzt. Das Zusammenleben und die Gruppenstruktur dort sind möglicherweise eher durch eine notwendige Koexistenz als durch ein starkes emotionales Wir-Gefühl gekennzeichnet.

Einrichtungsbezogene spezifische Gruppensituationen

Wesentliche Phasen der Gruppendynamik und möglicherweise auch grundlegende Definitionsmerkmale von Gruppen sind daher in Abhängigkeit von der Institutionsart unterschiedlich stark ausgeprägt und bleiben zum Teil auch ganz aus.

Teil B: Soziologische Grundlagen zur Arbeit mit sozialpädagogischen Gruppen

4 Gruppendynamik in spezifischen sozialpädagogischen Gruppen und methodische Anregungen

Im vorherigen Kapitel wurde deutlich, dass der tatsächliche Verlauf der Gruppenphasen nicht der idealtypischen Darstellung der Gruppendynamik entspricht. Die Gruppenphasen verlaufen weder linear noch klar voneinander abgrenzbar und nicht für alle Gruppenarten gleich.

Gruppendynamik

Das Ausscheiden eines bzw. einer Gruppenangehörigen durch Umzug, Nichtversetzung o. Ä. oder das Hinzukommen eines neuen Mitgliedes können dazu führen, dass sich sowohl die Vertrautheit auflöst als auch Rollen und Positionen neu erstritten und verteilt bzw. eingenommen werden müssen. Gruppenphasen überschneiden sich daher, Regressionen sind möglich bzw. wahrscheinlich.

Alle Gruppen jedoch durchlaufen, angelehnt an dieses Modell, die Gruppenphasen zumindest tendenziell. Die Grundannahme bei dem mehr oder weniger idealen Gruppenverlauf ist der gemeinsame Start- und Endpunkt einer Gruppe. Bei einer solchen geschlossenen bzw. homogenen Gruppe, z. B. einer Schulklasse, würde sich das Ergebnis der Analyse der Gruppenphasen relativ nah am idealisierten Verlauf abbilden:
Im ersten Schuljahr befindet sich die Klasse überwiegend in der Orientierungsphase. Nach den Sommerferien gibt es zumeist einen kurzen Moment der Eingewöhnung, der aber schnell, wegen der bereits im Vorjahr erworbenen

Vertrautheit und Sicherheit, wieder abgeschlossen sein wird. Mit der zunehmenden Vertrautheit verbunden ist dann die Bildung von Sub-Gruppen, das Empfinden von Zugehörigkeit zu bestimmten Personen und das Bedürfnis nach Abgrenzung zu anderen.

Die zweite Phase der Rollenfindung/des Machtkampfes beginnt bzw. setzt sich fort, da sie mutmaßlich bereits im ersten Schuljahr begonnen hat. Die weiteren Phasen werden in den folgenden Schuljahren mit einigen Regressionen durchlaufen. Am Ende der Schulzeit beginnt mehr oder weniger synchron die Verabschiedungsphase und damit die Vorbereitung auf die neue Lebenssituation.

Ähnlich, jedoch zeitlich komprimierter, ist der Phasenverlauf bei einer Ferienfreizeit. Idealerweise hat es im Vorfeld ein Vorbereitungstreffen gegeben, bei welchem Organisatorisches besprochen wurde und ein erstes Kennenlernen stattfinden konnte. Bei Antritt der Freizeit werden bereits Freundschaften bestehen, da sich die Betreffenden gemeinsam angemeldet haben. Diese Gruppen passen sich den Bedingungen vor Ort an, nutzen und gestalten diese gemäß ihren Bedürfnissen.

Den bestehenden Gruppen nicht zugehörige Personen werden je nach Gegebenheiten integriert oder es finden Neustrukturierungen der Gruppenzusammensetzung statt, welche dann wieder mit Konflikten um die Rolle und Position Einzelner einhergehen.

Das pädagogische Programm enthält im Regelfall einige Höhepunkte und das Ende der Freizeitfahrt ist zeitlich relativ nah und allen vor Augen, so dass sich Konflikte meist schnell wieder auflösen lassen.

Sozialpädagogische Gruppen, abgesehen von Schulklassen oder Ferienfreizeiten, sind jedoch meist nicht durch das Merkmal des gemeinsamen Start- und Endpunktes gekennzeichnet. Das ist Ursache dafür, dass es mehrere formelle Sub-Gruppen innerhalb einer Gesamtgruppe gibt, die jeweils unterschiedliche Gruppenphasen durchlaufen. Hinzu kommen die informellen Sub-Gruppen/Spielgemeinschaften/

Peergroups, die ebenfalls jeweils eigene Gruppenphasen durchlaufen.

4.1 Verlauf und Analyse der Gruppendynamik in Kita-Gruppen

Eine Kita-Gruppe besteht, je nach Gruppenform I, II oder III, gemäß KiBiZ (Kinderbildungsgesetz NRW 2020) aus ca. 20 Kindern. Diese Gesamtgruppe teilt sich i. d. R. in drei formelle Sub-Gruppen, die durch die unterschiedlichen Aufnahmezeitpunkte entstehen.

Formelle Sub-Gruppen

Da ist die formelle Sub-Gruppe der neuen Kinder, die der im Jahr zuvor Aufgenommenen und die der Kinder, welche die Kita in diesem Jahr verlassen werden, um in die Schule zu gehen. In Kitas bestehen daher parallel mindestens drei formale Gruppen, die sich jeweils in unterschiedlichen Gruppenphasen befinden.

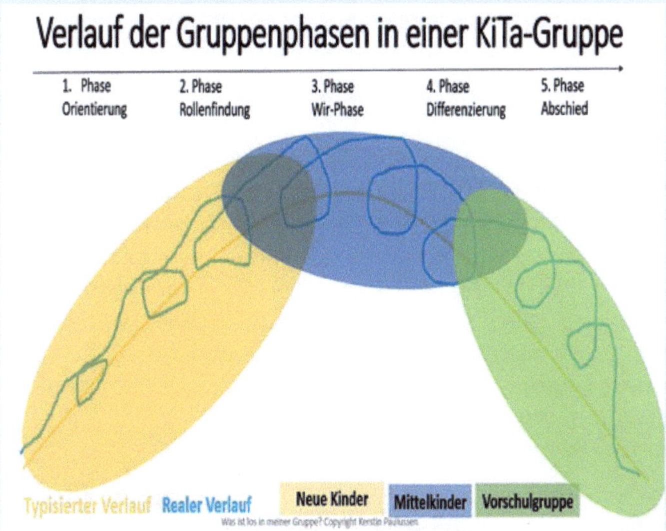

Abbildung 3
Verlauf Gruppenphasen Kita

Parallele Gruppendynamik

Der Teil der Kita-Gruppe, der erst vor einigen Wochen/Monaten eingewöhnt wurde, befindet sich naturgemäß nicht in derselben Gruppenphase wie die Kinder, die im Sommer die Kita verlassen werden.

Während die neuen Kinder in der Orientierungs- oder Machtkampfphase noch viel Unterstützung brauchen, grenzen sich die Vorschulkinder vom Rest der Gruppe ab, da sie sich bereits in der Differenzierungs- oder Abschiedsphase befinden. Bei den Mittelkindern entstehen zu diesem Zeitpunkt hingegen erste Vertrautheiten oder sie können bereits der Differenzierungsphase zugeordnet werden.

Informelle Sub-Gruppen

Hinzu kommen die informellen Sub-Gruppen, die frei gewählten Spielgemeinschaften, die ebenfalls einem eigenen gruppendynamischen Prozess unterliegen. Auch das Ausscheiden einzelner Kinder, etwa wegen eines Umzugs oder aus anderen Gründen, wird Auswirkungen auf die Gruppendynamik innerhalb einer Spielgemeinschaft haben.

In altersgemischten Kita-Gruppen müssen sich nach den Sommerferien die Gruppen neu sortieren, da die älteren Kinder die Einrichtung verlassen haben. Der dadurch bedingte Wechsel der Gruppenzugehörigkeit einzelner Kinder führt zu Veränderungen, die je nach Anzahl der Wechsel eine Neuorientierung in großen Teilen der Gruppe erforderlich machen.

Methodische Anregungen Kita-Gruppen

Orientierungsphase (geprägt von Fremdheit, Unbekanntheit, Unsicherheit und der Suche nach Orientierung)

Transitionen begleiten

Eingewöhnungsmodelle wie das Münchener oder Berliner Modell (INFANS) können als etablierte Methoden zur Eingewöhnung neuer Kinder in der Kita bezeichnet werden. Für den Start nach den Sommerferien empfiehlt es sich, ein mehrmaliges Nachmittagstreffen vor den Sommerfeien anzubieten, was zumindest für Nicht-Geschwisterkinder von großer Bedeutung ist.

Bei Kita-Konzepten, die einen Wechsel innerhalb der Kita vorsehen, z.B. den Wechsel der U-3-Kinder in die Ü3-Gruppe, und/oder der Mittelkinder in eine möglicherweise bestehende Vorschulgruppe, kann und sollte dieser vorab mit Hospitationen und/oder durch einige Besuchsnachmittage vorbereitet werden.

Diese Unterstützung bezieht sich auf die neuen Kinder. Kinder, die bereits im Vorjahr die Kita besuchten, kennen sich bereits mit den Gegebenheiten aus, rutschen aber innerhalb der Kita-Gruppenstruktur eine Stufe hoch. Aus den ehemaligen neuen Kindern werden die Mittelkinder und aus diesen die neuen Vorschulkinder (Krappmann 1995).

Veränderung des Status in der Gruppe

Dieser neue Status kann mit großen Gefühlen, überbordendem Verhalten und Selbstüberschätzung einhergehen, sodass auch hier Unterstützung angemessen sein kann. Die „Großen" mit ihrem neuen Status bei der Eingewöhnung einzubeziehen kann dabei durchaus hilfreich sein, sowohl für die neuen als auch für die älteren Kinder.

Rollenverteilungsphase (geprägt von zunehmender Vertrautheit, Rollenfindung, Positionierung, Kontaktintensität und gegenseitiger Akzeptanz oder Ablehnung)

Die Rollen (Dahrendorf 2006) ergeben sich bereits zu einem gewichtigen Teil aus dem Status der Vorschulkinder, Mittelkinder und neuen Kinder. Häufig sind daran aufgrund des unterschiedlichen Entwicklungsstandes (kognitive Entwicklung nach Piaget, in: Schneider/Lindenberg 2012) bestimmte Privilegien geknüpft.

Rolleneinnahme – Rollenverteilung

So dürfen die Älteren meist schon allein auf das Außengelände oder sind Teil einer gesondert stattfindenden Förderung bzw. gesondert stattfindender Angebote. Innerhalb dieser Sub-Gruppen finden sich häufig Rollenverteilungen, die von großer Harmonie, aber auch sehr wechselvollen Spiel-Atmosphären geprägt sein können, da aufgrund des Alters und des Entwicklungsstandes das Verhalten noch sehr situativ und von aktuellen Bedürfnissen gekennzeichnet ist. Hier braucht es viel Begleitung und hilfreiche Strukturen, um das Verhalten untereinander in geordnete Bahnen zu leiten.

Transparenz und Nachvollziehbarkeit der Nutzungsverteilung von Ressourcen hilft den Kindern, die Regelungen zu verstehen, Bedürfnisse auf den anvisierten Zeitraum zu verschieben und anderen eine Nutzung zuzugestehen. Anwesenheitstafeln, Verteilungskriterien und Turnus der Abwechslung für bestimmte Rechte und Zuständigkeiten können und sollten durch geeignete Anzeigeinstrumente dargestellt werden – Magnettafeln und Symbolbilder haben sich dabei bewährt.

Größtmögliche Partizipation und die im Gespräch immer wieder veranschaulichte Notwendigkeit zu Gruppenregelungen, welche jedoch auch ausreichend Raum für individuelle Interessen lassen, helfen, die Akzeptanz herzustellen.

Wir-Phase (geprägt von zunehmender Identifizierung, Vertrautheit, Zusammengehörigkeit und Abgrenzung gegen außen)

Zunehmende Gruppenstabilität

Die Gesamtgruppe der Kita erreicht diese Phase nie, die einzelnen Sub-Gruppen jeweils zu einem anderen Zeitpunkt. Die Mittel- und Vorschulkinder werden sich recht schnell in der Wir-Phase einfinden – je günstiger die Rahmenbedingungen, desto schneller.

Pädagogische Begleitung, Aufmerksamkeit und Rückmeldung durch die pädagogischen Fachkräfte unterstützen bei dieser Entwicklung. Zu Beginn eines Kita-Jahres werden große Anteile der personellen Ressourcen für die Eingewöhnung der neueren Kinder benötigt, was häufig dazu führt, dass die Mittelkinder weniger im Fokus stehen.

Einige Mitarbeiter:innen könnten mit der Beobachtung, Betreuung und der Interessenvertretung der Mittel- und Vorschulkinder beauftragt werden, wodurch eine klare Zuständigkeit entsteht und deren Bedarfe nicht übersehen werden.

Häufig reicht für die Kinder in der Wir-Phase schon eine großzügige räumliche Ausstattung, die flexibel und variantenreich an die jeweiligen Spielbedürfnisse der verschiedenen Sub-Gruppen angepasst werden kann.

Hilfreich kann es zudem sein, bei der Neuaufnahme die künftige Gruppenzusammensetzung zu beachten und den Anteil neuer Kinder je Gruppe gering zu halten, sofern möglich.

Arbeits- und Differenzierungsphase (geprägt von Zusammengehörigkeit, Arbeitsfähigkeit und -willigkeit, Kooperation und Abgrenzung gegen außen)

Intensiver Gruppenzusammenhalt

Auch die Arbeits- und Differenzierungsphase ist bzgl. der Selbstständigkeit (vgl. Erikson 1988) und Arbeitsintensität ähnlich der Wir-Phase zu gestalten. Für und mit den Vorschulkindern ist allerdings schon die Vorbereitung auf den nachfolgenden Lebensabschnitt erforderlich. Dabei sollten die Kinder, die künftig gemeinsam eine Grundschule besuchen werden, ggf. zusammengefasst werden, z. B. beim Besuch oder bei einer Hospitation in der neuen Schule.

Weitere Themen, die sich an den entwicklungsbedingt meist schon veränderten Interessen dieser Kindergruppe orientieren, können gemeinsam geplant und die dazu notwendigen Rahmenbedingungen geschaffen werden.

Abschiedsphase (geprägt durch Vorfreude und Abschied, Vertrautheit und Unsicherheit, Nähe und Aggression, Widersprüche)

Die abschließende Phase kann sehr widersprüchlich verlaufen, da sie von widerstreitenden Gefühlen gekennzeichnet ist.

Um auf die Situation der Verunsicherung reagieren zu können, braucht es das Herstellen von Sicherheit, die entstehen kann, wenn der neue Lebensabschnitt vorbereitet wird (analog zur ersten Gruppenphase, der Orientierungsphase).

Ambivalente Emotion

Gleichzeitig ist der Abschied vorzubereiten (vgl. Kast 2020), welcher durch besondere Aktionen, z. B. durch ein Übernachtungsfest, eine Verabschiedung oder zuvor eingeübte Aktivitäten, wie eine Theateraufführung, hergestellt werden. Tradiert sind Übernachtungsfeste in der Kita, Ausflüge und Exkursionen. Fotoalben, welche zurückliegende Ereignisse und Entwicklungsprozesse verdeutlichen und nachvollziehbar machen, sind beliebte und geeignete Entwicklungsbegleiter und Mut-Macher.

Der Übergang von der Differenzierungsphase zur letzten Phase kann unvermittelt und plötzlich auftreten und hat daher möglicherweise einen kurzen Verlauf. Die Vorbereitung des Abschieds, die Orientierung für das Neue, erfolgen häufig bereits in der Differenzierungsphase, wenn die Gruppenmitglieder emotional und innerlich noch gar nicht auf den Abschied eingestellt sind. Der richtige Zeitpunkt und das angemessene Maß an Aktivitäten, welche die Verabschiedung angemessen begleiten, sind herauszufinden.

4.2 Verlauf und Analyse der Gruppendynamik in U3-Gruppen

Entwicklungsbedingte besondere Gruppendynamik

Die Gruppensituation in U3-Gruppen ist aufgrund des Entwicklungsstandes und der daraus resultierenden besonderen Bedürfnislage separat zu betrachten.

Parallelspiel

Einerseits ist da die Spielentwicklungssituation, die sich bei U3-Kindern im Parallelspiel ausdrückt. Dies hat Auswirkung auf die Wir- und Differenzierungsphasen, die sich bedingt durch dieses Spielverhalten nur abgeschwächt ausbilden können. Die Zusammensetzung der Spielgemeinschaften ergibt sich zunächst eher zufällig und wird sich erst mit zunehmendem Alter und zunehmender Vertrautheit der Gruppenmitglieder untereinander zu bewusster gewählten Kontakten entwickeln.

Ähnlich verhält es sich bzgl. der Machtkampf- und Rollenfindungsphase. Das Verhalten von U3-Kindern ist noch mehr auf den Moment und auf die aktuelle Bedürfnissituation bezogen als bei den älteren Kita-Kindern. Auseinandersetzung darüber, wem gerade welches Spielzeug oder welcher Raum zur Verfügung steht, sind daher aus dieser Situation heraus zu verstehen und weniger über die Gruppenphase zu erklären.

Zeitwahrnehmung von U-3 Kindern

Bedingt durch die kognitive Entwicklung der U3-Kinder fehlt noch die Abstraktionsfähigkeit und damit die Wahrnehmung der zeitlichen Dimension. Durch die fehlende zeitliche Perspektive ist es U3-Kindern nicht möglich, Bedürfnisse auf einen späteren Zeitpunkt zu verlegen. Bedürfnisse sind momentan, unmittelbar und omnipräsent.

„Später, gleich oder morgen" können U3-Kinder noch nicht abstrahieren (vgl. Taplan-Bach et al. 2014).

Ebenso verhält es sich mit Argumenten, die sich auf die Vergangenheit oder auf Gerechtigkeit beziehen. Wenn z. B. ein Gegenstand, Spielzeug oder Raum einem Kind heute nicht zugesprochen wird, mit der Begründung, es oder ihn bereits gestern genutzt zu haben, wirkt das auf U3-Kinder wegen fehlender Nachvollziehbarkeit wenig überzeugend.

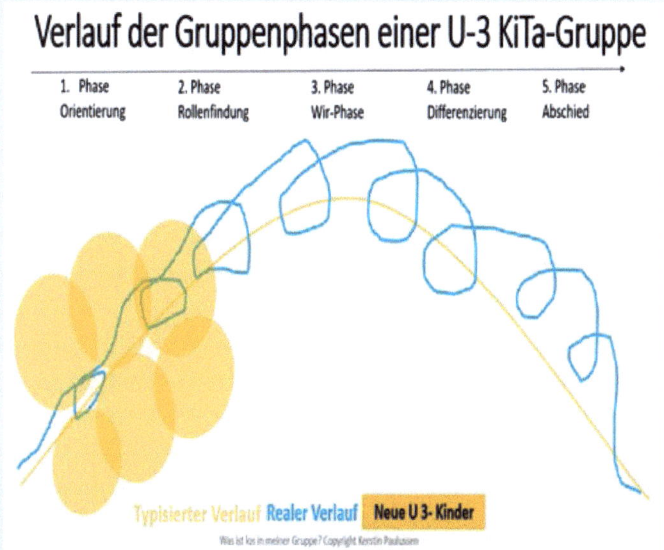

Abbildung 4
Verlauf Gruppenphasen U3-Gruppen

Methodische Anregungen für U3-Gruppen

Orientierungsphase (geprägt von Fremdheit, Unbekanntheit, Unsicherheit und der Suche nach Orientierung)

Orientierung geben

Das Vertrautmachen mit Räumlichkeiten, Umständen, Personen und Regelungen ist eine wichtige Begleitung und Voraussetzung, um in den neuen Situationen der Orientierungsphase zurechtzukommen bzw. diese bewältigen zu können. Die Konzepte der Eingewöhnung (vgl. Eingewöhnungsmodelle, z. B. INFANS) beruhen auf den Erkenntnissen der Transitionsforschung (Griebel/Niesel 2011), welche mit der Intention, Stress in diesen Übergangssituationen zu vermeiden (Lazarus 1999), entwickelt wurden.

Rollenverteilungsphase (geprägt von zunehmender Vertrautheit, Rollenfindung, Positionierung, Kontaktintensität und gegenseitiger Akzeptanz oder Ablehnung)

Veranschaulichung

Um trotz des fehlenden Abstraktionsvermögens eine Transparenz in der gerechten Verteilung der Ressourcen zumindest anzustreben, können Mittel zur Veranschaulichung hilfreich sein, z. B. eine magnetische Wochen-Tafel, an welche

Bilder und Symbole geheftet werden können. Diese geben Auskunft darüber, wer wann mit welchen Aufgaben, Privilegien oder Zuständigkeiten beauftragt oder versorgt wurde. Selbst junge Kinder erhalten durch die Anschaulichkeit einen Überblick darüber, wer wann an der Reihe war oder wieder dran sein wird. So entsteht eine Transparenz, die dabei helfen kann, Verteilungsgerechtigkeit zumindest zunehmend verständlich zu machen. Die Kraft von Ritualen und Wiederholungen im Tagesablauf unterstützen dabei ebenfalls.

Rituale

Ferner helfen Rituale, das fehlende Zeitgefühl zu ersetzen. Ein Kleinkind wird eher verstehen, dass es nach dem Mittagskreis von der Bezugsperson angeholt wird, wohingegen eine Vermittlung der Abholuhrzeit kaum möglich sein wird. So kann weitere notwendige Orientierung und Sicherheit durch Struktur hergestellt werden.

Wir-Phase (geprägt von zunehmender Identifizierung, Vertrautheit, Zusammengehörigkeit und Abgrenzung gegen außen)
Im Tagesablauf wiederkehrende Gemeinschaftsereignisse – Snack, Frühstück, Mittagessen, Kreisspiele o. Ä., auch mit ggf. altersspezifischen Sub-Gruppen – können den Prozess der Entwicklung des Wir-Gefühls unterstützen, wenn sie zeitlich und inhaltlich angemessen angeboten und durchgeführt werden. Eine zeitliche Begrenzung, angepasst an die jeweils mögliche Aufmerksamkeitsspanne, ist wichtig.

Arbeits- und Differenzierungsphase (geprägt von Zusammengehörigkeit, Arbeitsfähigkeit und -willigkeit, Kooperation und Abgrenzung gegen außen)
Mit zunehmender Routine wird sich auch bei den jüngeren Kindern eine Gewöhnung an bestimmte Abläufe und Kontakte einstellen. Die älteren Kinder der U3-Gruppe entwickeln sich zunehmend aus dem Parallelspiel heraus und

Beginnende Spielgemeinschaften

beginnen Spielkontakte zu favorisieren und gezielt zu suchen. Dies kann durch entsprechende bedarfs- und entwicklungsbezogene Materialien bzw. Spiele oder durch das zur Verfügung stellen bestimmter räumliche Ressourcen unterstützt werden.

Abschiedsphase (geprägt durch Vorfreude und Abschied, Vertrautheit und Unsicherheit, Nähe und Aggression, Widersprüche)
In der Abschiedsphase, die sich ergibt, wenn die Kinder innerhalb der Einrichtung in eine andere Gruppe wechseln, besteht annähernd die gleiche Situation wie in der Orientierungsphase. Die Kinder brauchen Orientierung, Sicherheit und Begleitung.

4.3 Verlauf und Analyse der Gruppendynamik in Schulklassen

Schulklassen sind geschlossene Gruppen, sie beginnen als Ganzes mit der Einschulung und enden mit dem Abschluss bzw. mit dem Übergang zur nächsten Schule. Bezogen auf dieses Merkmal ist eine Schulklasse eine überwiegend homogene Gruppe. Lediglich einzelne Kinder oder Jugendliche kommen im Verlauf des Schuljahres bzw. der gesamten Schullaufbahn hinzu oder scheiden vorzeitig aus, was i. d. R. im Zusammenhang mit einem Umzug oder der Wiederholung einer Klasse steht. Bezogen auf die Gruppendynamik und den Verlauf der Gruppenphasen sind hier idealtypische Bedingungen gegeben.

Annähernd idealer Gruppenverlauf

Dies bedeutet, dass sich die Klassen im ersten Jahr oder Halbjahr überwiegend in derselben Gruppenphase, der Orientierungsphase, befinden. Der weitere Phasenverlauf bis zur Abschiedsphase am Ende des Besuchs dieser Schulform, wird von allen Schüler:innen gleichermaßen und gleichzeitig beendet. Lediglich nach den Ferien, insbesondere nach den Sommerferien, wird es für die gesamte Klasse eine kurze Phase der Unsicherheit geben, die wahrscheinlich schnell wieder in die Vertrautheit übergeht, da die Gruppenmitglieder untereinander bekannt sind.

Neu hinzukommende Schüler:innen werden die Gruppe kurzfristig in eine Regression, in eine kurze Phase der Neuorientierung und neuen Rollenfindung zurückwerfen.

Abbildung 5
Verlauf Gruppenphasen Schulklasse

Heterogene Groß-Gruppe

Da eine Schulklasse meist eine relativ große Gruppe ist und sich bzgl. der Interessen, des Bildungsniveaus, der sozialen Herkunft etc. heterogen zusammensetzt, ist davon auszugehen, dass eine Schulklasse aus mehreren Sub-Gruppen besteht. Neuzugänge oder auch Abgänge von Schüler:innen werden daher maßgeblich nur diese eine Sub-Gruppe betreffen, die sich schnell wieder konstituiert.

Aufgabe der pädagogischen Fachkraft ist es, diese Prozesse im Blick zu haben, um ggf. methodische Angebote zu machen oder eingefahrene Gruppenstrukturen mit methodischen Instrumenten zu einer Neustrukturierung anzuregen.

Methodische Anregungen für Schulklassen

Orientierungsphase (geprägt von Fremdheit, Unbekanntheit, Unsicherheit und der Suche nach Orientierung)

Mit der Einschulung geht eine große Unsicherheit einher. Einige Schulen haben eine Vorbereitung der Neuen konzeptionell eingeplant. Am häufigsten ist diese wohl in Grundschulen zu finden, in denen die Kooperation mit den Kitas vorsieht, bereits vor den Ferien einen Erstkontakt in Form eines Besuches herzustellen. Weiterführende Schulen bieten meist einen Tag der offenen Tür o. Ä. an, was zumindest eine erste Wahrnehmung mit dem Gebäude und den Lehrkräften ermöglicht. Auch wird hier die Anfahrt zum neuen Lernort geprobt.

Sicherheit durch Kontaktaufnahme

Das alles findet zwar noch nicht unter Realbedingungen statt. Die erste Anfahrt erfolgt nicht zum Unterrichtsbeginn, es gibt noch keinen Klassenraum, Sitzplatz und -nachbar:innen sind noch nicht benannt, die Lage des Klassenraums und der Weg dahin sind unbekannt. Die Anfahrt zur Schule wird jedoch möglicherweise erstmals mit dem öffentlichen Personennahverkehr bewältigt.

Belastend kann die Frage werden, ob man Anschluss finden, neben wem man sitzen wird oder ob man gar allein sitzen muss (vgl. Rogers 2006). Deshalb bietet es sich neben den üblichen Kennenlernspielen an, die Sitzplatzwahl für die ersten Wochen durch die Lehrkraft vorab festzulegen.

Sicherheit durch Sitzplatzzuweisung

Dies kann in alphabetischer Reihenfolge oder nach dem Zufallsprinzip erfolgen. Per Losverfahren im Eingangsbereich oder anhand aufgeklebter Namenschilder oder Symbole auf dem Schreibpult für die Schüler:innen erkennbar, kann die Sitzplatzvergabe mit einem kommunikationsanregenden Suchspiel verknüpft werden.

Rollenverteilungsphase (geprägt von zunehmender Vertrautheit, Rollenfindung, Positionierung, Kontaktintensität und gegenseitiger Akzeptanz oder Ablehnung)
Die Rollenverteilung in Schulklassen findet in den kurzen Unterrichtspausen und durch das Verhalten und die Beiträge im Unterricht statt. Recht schnell wird bekannt, wer zu den stilleren Schüler:innen gehört und wer sich sprachlich mehr am Unterricht beteiligen will und kann.

Bereits dadurch entstehen erste Eindrücke, die durch die Rückmeldungen der Lehrkräfte schnell zur Manifestierung führen. Diese Feststellungen können jedoch vorschnell sein. Stillere Schüler:innen sind nicht zwingend die schwächeren und wortstarke nicht unbedingt die leistungsstärkeren oder beliebteren.

Rollenfindung braucht unspezifische Freiräume

In dieser Phase braucht es viel Freiraum zum Kennenlernen, Rollen finden und Gelegenheit zur Umorientierung (vgl. Bandura 1994), wenn der erste Eindruck über eine Person nicht der passende war.

Zurückhaltung bei Gruppenarbeiten

Leistungsbetonte Gruppenarbeiten sollten in dieser Phase noch nicht vergeben werden, da darin zu viel Konfliktpotenzial steckt. Die Sitzordnung kann hier noch einmal verändert werden, bevorzugt nach dem Zufallsprinzip, um neue Kennenlernmöglichkeiten zu schaffen.

In dieser Phase sind erforderliche Gruppenregeln und Verhaltensnormen festzulegen. Diese ergeben sich meist aus den schulspezifischen Anforderungen und aus den allgemeinen gesellschaftlichen Normen. Dennoch ist es sinnvoll, diese zu besprechen und ggf. eigene gruppenspezifische Regelungen zu entwickeln. Je höher dabei der Grad der Partizipation ist, desto höher ist die Wahrscheinlichkeit der Akzeptanz der Regeln.

Wir-Phase (geprägt von zunehmender Identifizierung, Vertrautheit, Zusammengehörigkeit und Abgrenzung gegen außen)
In der Wir-Phase haben sich vermutlich erste stabile Sub-Gruppen gebildet, die ihre eigenen gruppeninternen Regeln entwickeln. Erste Gruppenarbeiten, auch mit Leistungsanspruch, können vergeben werden.

Notwendige Cliquenbildung

Cliquenbildung sollte nicht als ein negatives Merkmal bewertet werden. Sie ist bei Großgruppen erforderlich. Neben der Akzeptanz der Sub-Gruppen sollte die Klasse als Ganzes, als übergeordnete Gruppe betont werden, was durch Ausflüge und Gemeinsamkeitssymbole hergestellt werden kann.

Arbeits- und Differenzierungsphase (geprägt von Zusammengehörigkeit, Arbeitsfähigkeit und -willigkeit, Kooperation und Abgrenzung gegen außen)

Idealer Zeitpunkt Gruppen- und Projektarbeiten

In dieser Phase ist die größtmögliche Selbstständigkeit und Eigenverantwortung von Gruppen zu erwarten. Die Bereitschaft und Fähigkeit, eigenständige Gruppenarbeiten zu übernehmen, ist hier am größten. Deshalb bietet sich diese Phase für Projektarbeiten an, die meist eine Präsentation und /-oder Aufführung beinhalten (vgl. Bandura 1994; Rogers

2006). Die Sub-Gruppen haben einen großen inneren Zusammenhalt. Möglicherweise bietet sich in dieser Phase an, bereits Abschlussveranstaltungen vorzubereiten.

Abschiedsphase (geprägt von Vorfreude und Abschied, Vertrautheit und Unsicherheit, von Nähe und Aggression, durch Widersprüche)
Die abschließende Phase kann sehr widersprüchlich verlaufen, da sie von ebensolchen Gefühlen gekennzeichnet ist.

Um auf dieses Gefühl der Unsicherheit reagieren zu können, braucht es das Herstellen von Sicherheit, welche entstehen kann, wenn der neue Lebensabschnitt vorbereitet wird, inhaltlich analog zur ersten Gruppenphase, der Orientierungsphase (Griebel 2011).

Gleichzeitig ist der Abschied zu planen, welcher durch zuvor eingeübte Aktionen, z. B. (Theater-)Aufführung oder eine Verabschiedung, ein Abschiedsfest etc. gestaltet werden kann.

Präsentation und Verabschiedung

Häufig tritt die Abschiedsphase unvermittelt und plötzlich auf und hat möglicherweise einen kurzen Verlauf. Die Vorbereitung des Abschieds und die Orientierung auf das Neue erfolgen daher häufig bereits in der Differenzierungsphase, wenn die Gruppenmitglieder emotional noch nicht auf Abschied eingestellt sind oder diesen als sehr ambivalent erleben.

4.4 Verlauf und Analyse der Gruppendynamik in Offenen Ganztagsschulen

Durch die Bedingungen einer Offenen Ganztagsschule (OGS) mit ca. 100 Schüler:innen aus vier unterschiedlichen Jahrgängen ergeben sich zwangsläufig viele unterschiedliche Gruppen. Die Jahrgänge stellen bereits vier formale Gruppen – Jahrgangsstufe eins, zwei, drei und vier – dar. Die jeweiligen Parallelklassen in den Jahrgängen bilden weitere formale Gruppen; 4a, 4b ... 3a, 3b ... usw.

Jede einzelne Klasse besteht, leider auch immer noch in Grundschulen, aus ca. 25 Kindern. Solche Großgruppen brauchen eine Unterteilung, weswegen sich Sub-Gruppen bilden, die aus den vielen verschiedenen Freundschaftsgruppen

Vielfältige Gruppenbildung

bestehen. Da sich diese freiwillig bilden, handelt es sich dabei um informelle Gruppen.

Aus der Organisation und den konzeptionellen Bedingungen einer OGS ergeben sich weitere Sub-Gruppen, i. d. R. formelle Gruppen, da sie überwiegend nach formalen Kriterien zusammengefasst werden.

Zum Beispiel die Lernzeitgruppen bzw. Hausaufgabengruppen, die Mittagessengruppen und die Gruppen, die an den verschiedenen AGs teilnehmen und ggf. noch die Stammgruppen, je nach konzeptionellen Überlegungen.[4]

Diese vielen Gruppen existieren parallel; häufige Wechsel von der einen zur anderen Gruppe sind erforderlich. Da jede Gruppe den oben genannten gruppendynamischen Bedingungen und Prozessen unterliegt, wird deutlich, wie vielfältig sich die sozialen Strukturen und davon abhängig die sozialen Prozesse in einer OGS gestalten.

Abbildung 6
Verlauf Gruppenphasen OGS

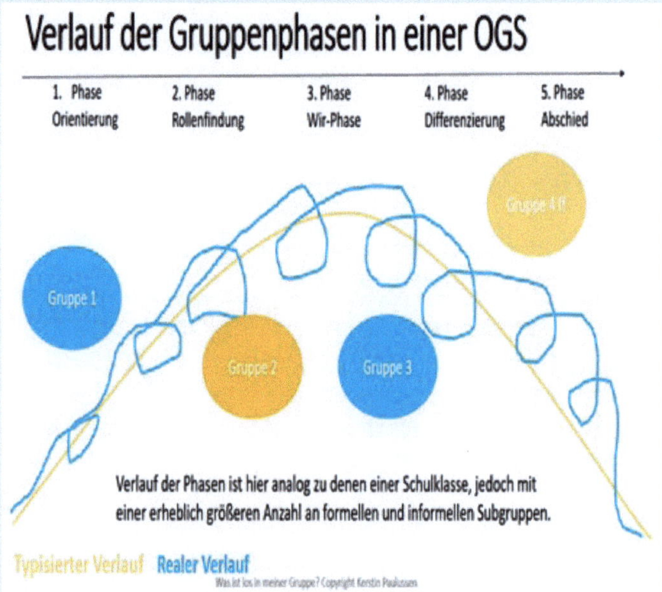

4 Vgl. Bildungsvereinbarung der jeweiligen Länder, insb. NRW und OGS Verordnung Schulgesetz NRW.

Bedingt durch diese Vielfalt der Gruppensituation wird deutlich, welche Unsicherheiten und welcher Orientierungsbedarf sich für Schüler:innen ergibt. Entsprechend gut organisierte und transparente Strukturen müssten geschaffen werden, die dann mit den organisatorischen Bedingungen in der Grundschule abzustimmen sind.

Transparente Strukturen

Daraus ergeben sich besondere kooperative und konzeptionelle Anforderungen zwischen den beiden eigentlich eigenständigen Organisationen Grundschule und OGS, welche im Besonderen von den Leitungen der beiden Institutionen und den jeweiligen Gruppenleitungen bzw. Lehrkräften zu erbringen sind. Eine Abstimmung der jeweiligen Konzepte kann die pädagogische Situation erleichtern und bereichern. So können z. B. Stammgruppen, die sich an den bestehenden Klassenstrukturen orientieren, einen beachtlichen Teil der gruppendynamischen Anforderungen in einer OGS reduzieren.

Erforderliche Kooperationen

Methodische Anregungen für Offene Ganztagsschulen

Orientierungsphase (geprägt von Fremdheit, Unbekanntheit, Unsicherheit und der Suche nach Orientierung)

Die Anforderungen an Erstklässler:innen werden deutlich. Eine OGS ist sehr von Unruhe und dadurch bedingte Strukturen geprägt. Je transparenter diese sind, desto größer ist die erreichbare Orientierung, die insbesondere in der Orientierungsphase erforderlich ist. Da Schulstarter:innen noch nicht lesen können, braucht es viele eindeutige Symbole und intuitive Wegeleitsysteme. Hilfreich ist in den ersten Wochen sicherlich auch ein Patenmodell.

Lesefähigkeit beachten

Rollenverteilungsphase (geprägt von zunehmender Vertrautheit, Rollenfindung, Positionierung, Kontaktintensität und gegenseitiger Akzeptanz oder Ablehnung)

Die Einnahme von Rollen und Positionen ist in der vielfältigen Gruppenlandschaft der OGS weniger festgelegt, was eine Chance auf Vielfalt bietet, aber auch mehr Konflikte provoziert. Das Aushandeln und Finden von Rollen und Positionen in den Gruppen dauert länger und ist situativer.

Ereignisse des Vormittags aus der Grundschule wirken hier sicherlich besonders nach.

Erhöhtes Konfliktpotenzial

Sozialpädagogisches Personal muss sich in der OGS auf ein erhöhtes Konfliktpotenzial einstellen. Konfliktlösungsmodelle, wie z. B. die Gewaltfreie Kommunikation nach Rosenberg (2009), stellen eine von vielen Möglichkeiten dar. Konzeptionelle Überlegungen zur Gruppenstrukturierung in der OGS haben hier eine grundlegende Auswirkung.

Wir-Phase (geprägt von zunehmender Identifizierung, Vertrautheit, Zusammengehörigkeit und Abgrenzung gegen außen)
Aus der beschriebenen gruppendynamischen Vielfalt einer OGS wird deutlich, dass sich Gruppenidentitäten unter erschwerten Bedingungen bilden. Freundschaften gehören jedoch zu den zentralen Entwicklungsaufgaben und -bedürfnissen des Schulkindes (Krappmann 1995).

Konzeptionelle Bedingungen

Wenn konzeptionelle Bedingungen (s. o. Freispiel in der OGS) es ermöglichen bzw. zulassen, werden viele eigenständige und interessen- und ressourcenorientierte Aktivitäten möglich.

Daraus entwickeln sich Aktivitäten und Freundschaftsgruppen, in welchen dann ein Wir-Gefühl entstehen kann.

Arbeits- und Differenzierungsphase (geprägt von Zusammengehörigkeit, Arbeitsfähigkeit und -willigkeit, Kooperation und Abgrenzung gegen außen)
Der Werksinn wird für die Altersgruppe des Schulkindes als zentrale Entwicklungsaufgabe bezeichnet (Erikson 1988).

Selbstwirksamkeitserfahrungen ermöglichen

Selbstwirksamkeit (Bandura 1994) und Selbstbewusstsein entstehen durch das Erstellen und/oder Bewirken von eigenständigen Aktionen. Diese können effektiv in Projekten durch entdeckendes und problemlösendes Lernen erworben werden. Freiräume, Freispiel, entsprechende pädagogische Begleitung und das Bereitstellen von Ressourcen sind erforderlich. Unter diesen Bedingungen entstehen Gruppenidentität und intensives gemeinsames Wirken.

Abschiedsphase, geprägt durch Vorfreude und Abschied, Vertrautheit und Unsicherheit, Nähe und Aggression, Widersprüche:
Die Abschiedsphase in einer OGS gestaltet sich analog zu der einer Grundschulklasse. Notwendigkeiten und Bedürfnisse von Schulkindern in dieser Phase können bei entsprechend kooperativen Bedingungen zwischen Grundschule und OGS gemeinsam übernommen und gestaltet werden.

Verabschiedung kooperativ gestalten

4.5 Verlauf und Analyse der Gruppendynamik in Jugendhilfeeinrichtungen

In der stationären oder teilstationären Jugendhilfe sind bzgl. der Gruppendynamik zwei wesentliche konzeptionelle Unterscheidungsmerkmale zu beachten, die familienersetzende und andererseits die familienergänzende Funktion der Hilfeeinrichtungen (KJHG 2022).

Familienersetzende oder -ergänzende Gruppen

In den familienersetzenden Angeboten wird häufig eine familienähnliche Ausrichtung zu finden sein, überwiegend sind sie konzeptionell auf Dauer angelegt. Daher kann von recht stabilen Beziehungen und Gruppenzusammensetzungen ausgegangen werden. Die Fluktuation der Gruppenmitglieder ist gering, Veränderungen werden i.d.R. mit einem größeren zeitlichen Vorlauf bekannt sein und lassen sich daher im Sinne einer Transition vorbereiten (Griebel 2011).

Andere Gruppen der (teilstationären) Jugendhilfe müssen als familienergänzende bzw. als in die Verselbstständigung führende Hilfeangebote betrachtet werden. In diesen ist die Gruppenkonstellation von einer höheren Fluktuation gekennzeichnet. Darüber hinaus sind diese Gruppen heterogen zusammengesetzt bzgl. Interessen, Fähigkeiten und Herkunft.

Verselbstständigung und Abschied vorbereiten

Abbildung 7
Verlauf Gruppenphasen Jugendhilfegruppen

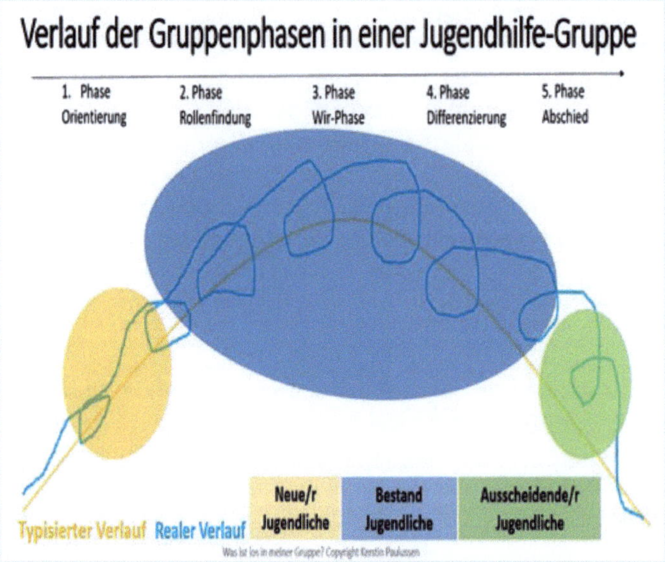

Krisenbewältigung

Gemeinsames Merkmal dieser Gruppen ist die Erfahrung der Kinder und Jugendlichen, getrennt von ihrer Familie untergebracht zu sein und aus mehr oder weniger zerrütteten bzw. problematischen Familienverhältnissen zu kommen. Je nach Aufnahmezeitpunkt und Verarbeitungsstand der individuellen Belastungsereignisse befinden sich die Kinder und Jugendlichen in unterschiedlichen Situationen.

Differenzierte Gruppendynamik

Die Gruppendynamik in der Jugendhilfe ist daher sehr differenziert zu betrachten und entsprechend zu analysieren. In familienähnlichen Konzepten bestehen recht stabile Gruppen, damit sind auch gruppendynamische Prozesse zu erwarten. In familienergänzenden und zur Verselbstständigung führenden Gruppen sind diese hingegen wegen der sehr hohen Heterogenität und Fluktuation nur mit Einschränkungen zu erwarten.

Methodische Anregungen für Gruppen in der Jugendhilfe

Orientierungsphase (geprägt von Fremdheit, Unbekanntheit, Unsicherheit und der Suche nach Orientierung)
In Jugendhilfeeinrichtungen ist zu erwarten, dass immer nur ein bis zwei Kinder in eine bestehende Gruppe neu aufgenommen werden. Diese sind individuell, bezogen auf ihre Belastungen zu begleiten und in die bestehende Gruppe zu integrieren.

Organisatorische Abläufe, Strukturen, Ansprechpartner:innen etc. werden bekannt gegeben. Kontakte zur Gruppe entwickeln sich langsam und herantastend. Kontaktherstellung sollte daher feinfühlig angebahnt und begleitet werden. In dieser Phase können Aufnahmerituale die Situation für die bereits bestehenden und neuen Gruppenmitglieder erleichtern (Günder 2020, S. 112 ff.)

Aufnahmerituale – Willkommenskultur

Rollenverteilungsphase (geprägt von zunehmender Vertrautheit, Rollenfindung, Positionierung, Kontaktintensität und gegenseitiger Akzeptanz oder Ablehnung)
Je nach Konzeption und Situation der Jugendhilfeeinrichtung werden sich familienähnliche Gruppenstrukturen oder eher lockere, distanzierte Kontakte unter den Gruppenmitgliedern einstellen.

Die Rollenverteilungsphase verläuft daher möglicherweise ruhig und konfliktarm. Wenn sich keine oder nur schwache Gruppenstrukturen entwickeln, wird sich die Rollenverteilung ebenfalls nur bedingt einstellen. Aus den eigenen, vorherigen problematischen Familienereignissen können Reproduktionen von Konflikten entstehen, die mit den Merkmalen der Gruppenphase nur bedingt etwas zu tun haben. Da diese einer therapeutischen Begleitung bedürfen, ist es wichtig, diese Konfliktanlässe voneinander zu unterscheiden.

Rollenfindung mit Vorbelastungen

Klare Regeln des Umgangs, der Nutzung und bei der Ressourcenverteilung helfen, das Zusammenleben zu regeln und Gruppenbildungsprozesse im Sinne einer Wir-Definition zu begünstigen.

Wir-Phase (geprägt von zunehmender Identifizierung, Vertrautheit, Zusammengehörigkeit und Abgrenzung gegen außen)

Fragiles Wir-Gefühl

Je nach Konzept, Situation und pädagogischer Arbeit ergeben sich persönliche individuelle Kontakte, welche auch innerhalb von Jugendhilfeeinrichtungen eine Gruppendefinition ermöglichen und zu einer Wir-Definition führen.

Diese können sich eher auf die formelle Gruppe beziehen, die in Form eines Ausflugs im Rahmen der Wochenendaktivität oder in einem gemeinsamen Urlaub in den Ferien gestaltet werden. Freundschaften zwischen einzelnen Gruppenmitgliedern können ebenfalls entstehen, ähnliche Erlebnisse und Erfahrungen sind dafür eine gute Grundlage.

Je nach Fluktuation in der Einrichtung sind Stabilität und zeitliche Dauer der Freundschaft abhängig vom Ausscheiden dieses einen Gruppenmitglieds, wenn die Rückführung in die Familie, eine Überführung in eine Pflegefamilie oder in die Verselbstständigung ansteht.

Arbeits- und Differenzierungsphase (geprägt von Zusammengehörigkeit, Arbeitsfähigkeit und -willigkeit, Kooperation und Abgrenzung gegen außen)

Das Ausbilden eines ausgeprägten Wir-Gefühls ist nur bedingt in der vorhergehenden Phase entstanden, sodass eine tiefe Arbeits- und Differenzierungsphase in Einrichtungen mit einer hohen Fluktuation wohl eher die Ausnahme bilden wird.

Alltagsorganisation als Gemeinsamkeitsmerkmal

Eine Verbindlichkeit in alltäglichen Dingen ist aufgrund der notwendigen Organisation des Zusammenlebens und zur Bewältigung des Alltags erforderlich. In Arbeitsgruppen können diese bei einem hohen Fluktuationsgrad nur bedingt erarbeitet werden, hier helfen klare und eindeutige Minimalvorgaben.

In stabileren Gruppen kann eine partizipative Gestaltung von Alltagsregelungen und Umgangsformen, Abstimmungen über gemeinsame Mahlzeiten, Essenspläne, Wochenendaktivitäten u.a. stattfinden. In Teamsitzungen erfolgt das Üben von Teamfähigkeit und die Sitzungen können sich zu hilfreichen Ritualen in der Gruppe ausbilden. Sie können Gelegenheiten darstellen, in denen kollektive oder individuelle Selbstwirksamkeit erlebt wird.

Abschiedsphase (geprägt durch Vorfreude und Abschied, Vertrautheit und Unsicherheit, Nähe und Aggression, Widersprüche)
Diese Gruppen lösen sich meist nicht vollständig auf, daher ist davon auszugehen, dass immer nur wenige oder nur ein Mitglied aus der Gruppe zu verabschieden ist. Dieses ist im Rahmen der individuellen pädagogischen Begleitung auf die neue Phase vorzubereiten. Für die Gruppe ist ebenfalls eine frühzeitige Information erforderlich. Da diese Gruppen auf die Aufnahme und auf das Ausscheiden Einzelner wenig bis keinen Einfluss haben, sollte zumindest eine frühzeitige Information erfolgen.

Begleitung von Übergängen

Anschließend wird der Abschied vorbereitet. Zu dessen sanfteren Gestaltung kann das Ausscheiden des Mitgliedes in die Planungen, Überlegungen und Emotionen einbezogen werden.

Jugendliche, die diesen frei gewordenen Platz besetzen werden, könnten ein Probewohnen durchlaufen, womit dann wieder der neue Beginn der Orientierungsphase erleichtert wird.

4.6 Verlauf und Analyse der Gruppendynamik in Freizeiteinrichtungen

In Freizeiteinrichtungen ist die Gruppenstruktur analog zur OGS zu erwarten. Es gibt ebenfalls eine lockere Struktur bezogen auf die Rahmenbedingungen, das Angebot und die Räumlichkeiten. Die rechtlichen Vorgaben sind hier in ihrer Verbindlichkeit gegenüber einer OGS geringer, da es keine gesetzlichen Anforderungen und keine Eltern mit einer Bildungserwartung gibt. Die maximalen Anforderungen ergeben sich aus den Anforderungen der räumlichen Nachbarschaft bzgl. Lautstärke und Sauberkeit, aus den Erwartungen und Vorgaben des Trägers und der Gesellschaft sowie denen der Eltern bzgl. des Drogenkonsums und einer angemessenen Betreuung.

Unverbindlichere Strukturen

Der Gestaltungsraum und die Beteiligungsmöglichkeiten sind daher relativ hoch. Die sogenannten niederschwelligen Angebote sind konzeptionell angelegt, was jedoch auch den Grad der Verbindlichkeit reduziert. Entweder etablieren sich feste Gruppen, die eine erforderliche Verbindlichkeit entwickeln und sich auf Projekte einlassen bzw. diese selbst initiieren oder es bleibt bei einer unverbindlichen temporären Besucherstruktur.

Vielfältige Möglichkeiten

Hohes Engagement der sozialpädagogischen Fachkräfte ist erforderlich, um eine stabile Gruppenstruktur entstehen zu lassen, die sowohl den Interessen der vielfältigen und breit angelegten Altersstruktur als auch denen der Gesellschaft, Eltern und Nachbar:innen gerecht werden zu können.

Hohe Herausforderung

Abbildung 8
Verlauf Gruppenphasen Freizeiteinrichtungen

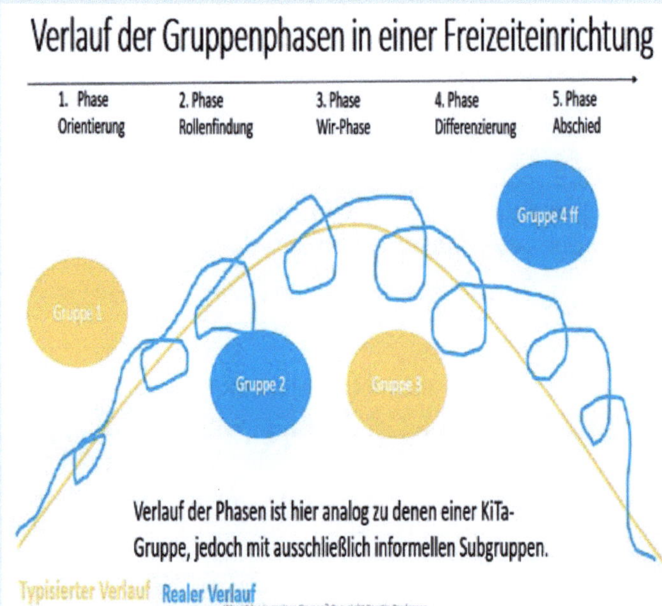

Methodische Anregungen für Freizeiteinrichtungen

Orientierungsphase (geprägt von Fremdheit, Unbekanntheit, Unsicherheit und der Suche nach Orientierung)
Aufgrund der offenen Struktur ist für Angebote der Freizeiteinrichtung Werbung erforderlich, um potenziell Teilnehmende aufmerksam zu machen. Erstkontakte verbunden mit Unsicherheiten und Berührungsängsten sind häufig.

Niederschwellige Angebote

Sogenannte niederschwellige Angebote, die einen lockeren und unverbindlichen Erstkontakt herstellen können, werden gebraucht, um die mit dieser Phase einhergehenden Unsicherheiten und Ängste gering zu halten.

Rollenverteilungsphase (geprägt von zunehmender Vertrautheit, Rollenfindung, Positionierung, Kontaktintensität und gegenseitiger Akzeptanz oder Ablehnung)
Wenn es gelingt, Gruppen in der Einrichtung zu binden, ergeben sich Rollenverteilungskonflikte. Das kann schon als ein großer Erfolg in der sozialpädagogischen Arbeit verbucht werden, da deutlich wird, dass sich eine Gruppe in der Einrichtung etabliert hat.

Herausforderung geringere Verbindlichkeit

Analog zu dieser Phase in anderen Gruppen sind Grenzen und Regeln auszuloten, die hier in großen Teilen durch die Gruppe selbst gefunden werden und nur zurückhaltend von den sozialpädagogischen Fachkräften begleitet werden sollten, um die Bindung an die Einrichtung zu erhalten.

Grundsätzliche und zwingend notwendige Regelungen, die sich aus allgemeinen rechtlichen Bedingungen ergeben oder einrichtungsbezogene Nutzungsbedingungen betreffen, sollten früh bekannt gegeben und deren Einhaltung bei Bedarf eingefordert werden. Eine hohe Regeltransparenz ist erforderlich, um eine subjektiv erlebte Willkür bei Konflikten und eine hohe Fluktuation der Besucherstruktur zu vermeiden.

Wir-Phase (geprägt von zunehmender Identifizierung, Vertrautheit, Zusammengehörigkeit und Abgrenzung gegen außen)
Bedingt durch die Struktur und die altersspezifischen Angebote werden sich in Abhängigkeit dazu entsprechende Sub-Gruppen bilden.

Gruppenspezifische Angebote

Gemeinsame identitätsstiftende Aktionen können durch die Verwendung spezifischer und ggf. eigener Räume, Symbole, Zeichen oder Gruppennamen verstärkt werden. Innerhalb der offenen Struktur von Freizeiteinrichtungen sind das wichtige Merkmale. Feste Zeiten und auf die jeweiligen Gruppen zugeschnittene gemeinsam entwickelte Themen sind die Basis für das Ausbilden fester Gruppen und deren jeweiliges Wir-Gefühl.

Arbeits- und Differenzierungsphase (geprägt von Zusammengehörigkeit, Arbeitsfähigkeit und -willigkeit, Kooperation und Abgrenzung gegen außen)

Erlebnispädagogische Angebote

Aufbauend auf diese Gruppenfindung können Projekte initiiert werden, die eine stärkere Zusammenarbeit erfordern bzw. ermöglichen. Die Gestaltung der Räumlichkeiten, erlebnispädagogische Aktionen und/oder Urlaubsaktivitäten bilden einen Höhepunkt.

Wanderungen in den Alpen, Kanutouren, Klettern etc. sind beliebte Aktionen, die in Differenzierungsphasen durchgeführt werden können, bzw. Aktionen für Gruppen, die sich in dieser Phase der Gruppendynamik befinden.

Abschiedsphase (geprägt von Vorfreude und Abschied, Vertrautheit und Unsicherheit, Nähe und Aggression, Widersprüchen)
Bedingt durch die Altersstruktur der Besuchenden kommt es häufig zu Veränderungen der Besuchsgruppen. Biografische

Verabschiedung ohne Abschied

Veränderungen, wie der Besuch einer anderen Schulform, die Aufnahme einer Ausbildung oder die Aufnahme einer verbindlicheren Zweierbeziehung, führen zum abrupten Ausbleiben Einzelner und damit meist zum Ausschleichen von Gruppen in diesen Einrichtungen. Angebote werden nicht mehr angenommen, Verbindlichkeiten nehmen wieder ab.

Sind diese Veränderungen bekannt, können sie in die Planung und Gestaltung einbezogen und als Übergänge gestaltet werden. Dadurch kann der Verbleib einer Restgruppe oder die Bildung von neuen Gruppen ermöglicht werden. Kommt es zu plötzlichen Abbrüchen, müssen sich neue Besuchergruppen finden.

4.7 Fazit

In den unterschiedlichen sozialpädagogischen Gruppen werden vielschichtige Situationen vorgefunden. Dabei unterliegen die Gruppenphasen einer hohen und spezifischen Dynamik. Eine gezielte und differenzierte Gruppenanalyse ist erforderlich, um Bedarfe und Notwendigkeiten ermitteln zu können. Jede Gruppenphase hat ihre spezifischen Bedarfe.

Vielschichtigkeit

Infolge der dynamischen Prozesse ist die Wahrnehmung von Veränderungen eine Herausforderung, die im Gruppen- und Berufsalltag nur schwer zu leisten ist.

Das Ermitteln der Bedarfe sowohl der verschiedenen Gruppen und Sub-Gruppen als auch der einzelnen Gruppenmitglieder braucht flexibel zu handhabende und anschauliche Methoden, die auch bei der Schnelllebigkeit der Gruppendynamik angewendet werden können. Beobachtungsergebnisse müssen mit einem geringen zeitlichen Aufwand dokumentiert und analysiert werden können. Zur strukturierten Beobachtung und Dokumentation ist das Anfertigen von Soziogrammen hilfreich (vgl. Soziogramm, ab S. 83 ff.).

Analyse und Bedarfsermittlung

5 Ideale Gruppe – Gruppenideale

Die ideale Gruppe, was ist das? Häufig sind mit dem Begriff der Gruppe idealisierte Vorstellungen und Erwartungen verbunden, im Sinne von „alle verstehen sich gut, alle halten zusammen, alle unterstützen sich …"

Pädagogische Fachkräfte und/oder andere Beobachtende von Gruppen, z. B. Eltern oder Trägervertreter:innen, haben Erwartungen und Bewertungen, die möglicherweise in dieselbe idealisierende Richtung gehen, da deren Erwartungen an Gruppen von ähnlichen Leitgedanken geprägt sein können. Ergeben sich Konflikte und damit Gesprächsbedarf in

Überhöhte Erwartung an Gruppen

Harmonie ist kein positives Gruppenmerkmal

Gruppen, werden analoge Lösungen angestrebt bzw. analoge Bewertungen vorgenommen. Gruppen werden als besonders positiv wahrgenommen und bezeichnet, wenn deren Zusammenhalt als außergewöhnlich groß und der Umgang miteinander als besonders harmonisch empfunden wird (dazu kritisch S. 106).

Zusammenhalt ist eines der Definitionsmerkmale von Gruppen; dass ein Wir-Gefühl und damit ein Zusammenhalt entwickelt werden muss, ist daher richtig. Offen bleibt die Frage nach der Intensität und Absolutheit dieser Erwartung. Die Darstellung der Unterschiede von sozialpädagogischen Gruppen zeigt, dass es naturgemäß Unterschiede in der Intensität des Wir-Gefühls geben muss.

Realisieren sich die oben genannten idealisierten Erwartungen an die Gruppe jedoch nicht oder nicht in der gewünschten Intensität, wird diese Gruppe negativ wahrgenommen und bewertet. Dies führt ggf. zur Distanzierung der Gruppenleitung von der Gruppe und der Gruppenmitglieder untereinander und kann mit einer persönlichen Kränkung verbunden sein.

Wie bereits ausgeführt, hat die Gruppe eine hohe Bedeutung für den Sozialisationsprozess. Es geht darum, die Interessen des Individuums mit denen der Gruppe in Ausgleich zu bringen (Krappmann 2000; Geramanis 2017).

Entwicklung ist ein Prozess

Dies stellt den Prozess der Co-Konstruktion dar, welcher im Wesentlichen die Sozialisation ausmacht bzw. die Sozialisation erst ermöglicht. Eine Gruppe ist eine Sozialisationsinstanz, es geht um Lernen in, mit und an der Gruppe.

5.1 Gruppenkohäsion

Um eine Gruppe mit einem stabilen Gruppengefüge zu erhalten, ist u.a. ein Wir-Gefühl und damit eine Abgrenzung gegenüber anderen Personen und Gruppen erforderlich. Bei der Ausbildung des Wir-Gefühls konkurrieren die Bedürfnisse der Einzelnen nach Individualität und Selbstbestimmung mit denen nach Zugehörigkeit zu einer Gemeinschaft und Solidarität durch diese.

Dieser Konflikt wird innerhalb einer Person ausgetragen, ein intra-personaler Konflikt. Er besteht darin, die eigene Selbstbestimmung so weit zurückzustellen, dass die Zugehörigkeit zu einer Gruppe durch eine Anpassung an die Gruppenbedingungen möglich ist, ohne die eigene Identität vollständig zu verlieren. Gleichzeitig wirkt das Individuum auf die Bedingungen, Normen und Werte einer Gruppe ein und ist dadurch Mit-Gestalter:in derselben. Dies wiederum stellt eine Selbstwirksamkeit dar und ist damit selbst- und identitätsbildend.

Entwicklung braucht Anreize

Für das Funktionieren bzw. für das Existieren einer Gruppe ist es erforderlich, dass die Wir-Identität der Gruppe entwickelt wird und bestehen bleibt (u. a. Stangl 2022, S. 333). Dazu ist es erforderlich, dass die Individualität der Personen auf ein Maß reduziert wird, welches die Kohäsion der Gruppe nicht gefährdet. Dabei handelt es sich um einen inter-personalen Konflikt. Es braucht einen Gruppen-Zusammenhalt, eine sogenannte Kohäsion, die gleichzeitig die Individualität der Gruppenmitglieder ermöglicht. Eine Balance zwischen den Bedarfen und Notwendigkeiten ist wichtig.

Identitätsentwicklung durch Abgrenzung und Zugehörigkeit

Über die Bedingungen, die zu Kohäsion in Gruppen führen, bestehen unterschiedliche Thesen. Eine Annahme ist z. B. der Grad der Homogenität, der Ähnlichkeit der Gruppenmitglieder untereinander. Aber auch das Gegenteil, die Heterogenität oder die gegenseitige Abhängigkeiten etc. (Gast 2022) sollen nach deren Auffassung Bedingungen darstellen, welche zur Gruppenkohäsion führen.

Die Widersprüche machen deutlich, dass es dazu keinen Konsens gibt. Möglicherweise wird bei diesen Erwartungen und Thesen jedoch das Wir-Gefühl einer Gruppe mit deren Produktivität, wie sie in betrieblichen Umgebungen bzw. Dienstleistungskontexten erforderlich ist, gleichgesetzt.

Entscheidend für die Gruppenkohäsion in sozialpädagogischen Gruppen ist nicht deren Funktionieren und Produktivität, sondern die Art, Qualität und Stabilität der sozialen Beziehungen untereinander und die der gemeinsamen Zieldefinition (Geramanis 2017). Wobei die Definition des Zieles schon allein darin bestehen kann, dass die Aufrechterhaltung der Gruppe weiter angestrebt wird.

Balance zwischen Individualität und Sozialität

Die Bereitschaft zur Zurücknahme der Individualinteressen zugunsten der Gruppennotwendigkeiten bleibt in diesem Fall bestehen und ist Bestandteil bzw. Grundlage der Sozialisation. Möglicherweise und ggf. ungünstigerweise zulasten der Individualbedürfnisse, je nachdem, wie sich die Balance zwischen Bedarfen und Notwendigkeit einstellt.

5.2 Gruppennormen

Aus dem Zusammenspiel der Interessenabwägung individueller Bedürfnisse bzw. durch das Ablassen von nicht (mehr) gewünschten Verhaltensweisen eines Gruppenmitgliedes sowie der Durchsetzungen bestimmter Interessen und Verhaltensweisen etablieren sich Gewohnheiten. Diese werden zur Normalität und bilden damit Normen dieser einen Gruppe, welche einzuhalten erforderlich ist, um dazuzugehören.

Zugehörigkeit durch Gruppennormen

Die Notwendigkeit zur Kohäsion macht das Zurücknehmen von Individualinteressen erforderlich. Gewohnheiten bilden sich aus, die sich zu Gruppennormen entwickeln. Diese sich so ausbildenden Gruppennormen stellen das innere, unsichtbare Gerüst der Gruppenarchitektur dar. Die Beachtung der Normen wird mit dem Ergebnis des Zusammenhalts belohnt.

Verlust der Gruppenkohäsion durch Normen

Für alle Gruppenmitglieder sollte dieser intra- und interpersonale Abwägungs- und Zurückstellungsprozess denselben Kosten- und Nutzenbedingungen unterliegen, um soziales Konfliktpotenzial zu reduzieren. Kleinere Abweichungen sind schadlos möglich und liegen innerhalb eines vielleicht auch erst zu entwickelnden Toleranzbereichs. Bilden sich verstärkt privilegierte Rollen, gerät das Balanceverhältnis zwischen Verlust und Erhalt, Kosten und Nutzen in Schieflage. Werden Toleranzgrenzen ausgereizt und überschritten, ändert sich das Verhalten von zunehmend mehr Personen innerhalb der Gruppe und die Gruppe als Ganzes wandelt sich bzw. droht zu zerbrechen.

5.3 Sanktionen

Sanktionen sind Konsequenzen

Die Aufrechterhaltung der Normen wird durch Sanktionen erreicht. Das sind nicht unbedingt Bestrafungen, sondern eher Konsequenzen, die sich aus dem Gefüge der gegenseitigen Wünsche, Bedarfe und Abhängigkeiten ergeben. Auch Selbstbeschränkungen und Selbstauferlegtes, wie das Vermeiden von Sanktionen oder auch das Aufrechterhalten von Verhalten, solange es denn ein von der Gruppe gewünschtes oder dort notwendiges Verhalten ist, hat die Wirkung der Verhaltensregulation.

Es handelt sich um einen immer wieder neu auszuhandelnden Status, der in Abhängigkeit von Individualität vs. Sozialität/Gruppe, je nach Priorisierung zu einer Stabilisierung der Kohäsion, aber auch zur Auflösung oder zur Abspaltung und Neugründung einer Gruppe führen kann.

Gruppe bildet Gruppennormen

5.4 Gruppenmeinung/Gruppendruck

Die Aufrechterhaltung von Normen kann so sehr im Vordergrund stehen, dass Einzelne ihre Individualität stark zurücknehmen. Gruppenkohäsion wird zum Selbstzweck, das Ausbalancieren der Individualbedürfnisse zugunsten der größtmöglichen Befriedigung der Gruppeninteressen unterbleibt. Das Kräfteverhältnis zwischen einzelnen Gruppenmitgliedern und/oder die Balance bzw. Abhängigkeit zu oder von äußeren Bedingungen lässt dem Bedürfnis nach Zugehörigkeit zur Gruppe häufig ein größeres Gewicht beimessen. Dieser Verlauf einer Gruppendynamik muss als dysfunktional bezeichnet werden.

Entwicklungshemmnis Gruppendruck

In Sekten z. B. stellt dies ein ernstes Problem dar – in Alltagsgruppen kann es problematisch werden, wenn Gruppenmitglieder zugunsten des Bedürfnisses nach Zugehörigkeit die individuelle Entwicklungsmöglichkeit überwiegend einschränken. Aus der Erforschung der sogenannten Schwarmintelligenz – eine kollektive Intelligenz, die auf einer konsensbasierten Entscheidungsfindung beruht – ist bekannt, dass hierdurch bessere Ergebnisse erreicht werden als durch Einzelleistungen. Ein Grund für vielseitig propagierte Gruppenarbeit.

Allerdings tritt dieser Effekt der kollektiven Intelligenz nur ein, wenn, und das ist eine sehr wichtige Bedingung, jedes Gruppenmitglied eine eigene Einzelmeinung entwickeln konnte und diese in das Gruppenergebnis einfließt. Fällt

Gruppenintelligenz durch individuelle Freiheit

diese Bedingung weg, ist der Vorteil der Schwarmintelligenz und damit die Sinnhaftigkeit von Gruppenarbeiten hinfällig.

Verschwörungsgruppen

In selbstreferenziellen Gruppen mit einer starken Kohäsion besteht die Gefahr, dass sich dominante Gruppenmeinungen bilden, die zu einem stabilen Konstrukt über die Wahrnehmung und Interpretation der Umwelt führen. Verschwörungserzählungen sind Beispiele für diese Dynamik, die in der Coronakrise ein verbreitetes Phänomen darstellten.

Diskriminierung zwischen Gruppen

Eine weitere Problematik in Gruppen kann entstehen, wenn die Wir-Identität einer Gruppe ausschließlich durch Abgrenzung gegen andere Gruppen und Personen hergestellt wird und zur Abwertung und Diskriminierung führt. In sozialpädagogischen Institutionen, in denen meist mehrere Sub-Gruppen parallel existieren, kann dies zu einer schwierigen und konflikthaften Situation führen. Hier ist zu prüfen, warum für die Wir-Identifikation die Stütze der Entwertung gebraucht wird und die Gruppe ihre Wir-Identität nicht aus ihrer Selbstdefinition ziehen kann. In diesen Fällen brauchen die Gruppen Unterstützung, eine sozial verträgliche Form der Selbstdefinition zu erlangen.

5.5 Fazit

Gruppen sind wichtige und elementare Instanzen zur Selbstentwicklung und Individualisierung. Gruppendynamik und Gruppenkonflikte sind dabei ein notwendiger und wichtiger Bestandteil, der auch zu Veränderungen und ggf. zur Gruppenneubildung führen kann. Gruppenkohäsion zum Ziel der pädagogischen Arbeit mit Gruppen zu machen, ist also nicht erstrebenswert.

Es kann sinnvoll sein, Gruppenstrukturen aufzuweichen, insbesondere, wenn sich dysfunktionale Strukturen zu entwickeln drohen:
Neue Impulse, z. B. die zufällige Zusammensetzung der Mitgliedschaft durch Losverfahren, können hier sinnvoll sein.

Hilfreiche Impulse

Daraus ergibt sich die Verantwortung der Gruppenleitung, Prozesse zu beobachten, zu begleiten sowie früh- und rechtzeitig Einfluss zu nehmen und Bedingungen zu schaffen oder zu intervenieren, um das Entstehen einer angemessenen Kohäsion zu begünstigen.

6 Gruppenrollen

Starre Rollen (-erwartung)

Die Benennung von Gruppenrollen ist Bestandteil des alltäglichen Sprachgebrauchs. Häufig genannt werden Clown, Anführer:in, Mitläufer:in etc. So wird es als selbstverständlich angenommen, dass in jeder Gruppe bestimmte Rollen vergeben sind und jedes Gruppenmitglied eine bestimmte Rolle innehat.

Weite Verbreitung findet die Aussage, dass Rollen nur gespielt werden. Damit ist impliziert, dass es sich um ein unechtes, nicht authentisches Verhalten handelt.

Ausgegangen wird hier insgesamt von einer statischen oder spielerischen Rollenbetrachtung und Rollenverteilung.

6.1 Statische Rollenbetrachtung

Den Clown gibt es nicht

Die ersten Rollentheorien entstanden um 1900 (Mead 1978). Sie sind älteren Datums und recht eingängig. Clown, Anführer:in, Mitläufer:in etc. einer Gruppe sind sofort ausgemacht, womit schnell eine scheinbare Klarheit über die Gruppensituation hergestellt wird.

R. Dahrendorf (2006) entwickelte die Theorie des homo sociologicus (1958), wonach der einzelne Mensch ein durch die Gesellschaft bedingtes Wesen ist, das von der Gesellschaft geprägt wird.

Insgesamt handelt es sich hierbei um eine recht statische und eindimensionale Betrachtungsweise, die wenig Dynamik, Veränderung und/oder Selbststeuerung vermuten lässt. Insbesondere durch die systemtheoretischen Erkenntnisse hat sich diese Annahme in den letzten Jahrzehnten jedoch sehr verändert.

Bereits die Feldtheorie K. Lewins, die häufig als der Beginn des systemischen Denkens bezeichnet wird, zeigt die Abhängigkeit des Verhaltens Einzelner von der jeweiligen Bedürfnislage und der Situation.

6.2 Dynamische Rollenbetrachtung

Dynamische Rolleneinnahme

Bezieht man in die Rollenbetrachtung Erkenntnisse der Feldtheorie nach Lewin und die dynamische Rollenergänzung nach Krappmann (2000) ein, so wird deutlich, dass Rollen und Verhalten eines Individuums nicht, einer Einbahnstraße gleich, isoliert und eindimensional betrachtet werden können. Das Verhalten eines Gruppenmitgliedes ist nicht nur Ergebnis der gesellschaftlichen Normen und Erwartungen, sondern von den Interaktionen zwischen den Gruppenmitgliedern und damit vom Setting abhängig.

Verhalten ist nicht nur Rollenerfüllung und keine lineare intrapersonale Kausalität, sondern eine zirkuläre, interpersonale Kausalität (Ebbecke-Nohlen 2020, S. 30).

Verhalten unterliegt einer Wechselwirkung, denn auch das Individuum nimmt Einfluss auf die gesellschaftlichen Bedingungen. Das Individuum ist nicht „Opfer" der Erwartungen und Normen einer Gesellschaft oder Gruppe, sondern auch deren Gestalter:in.

Rollen ergänzen sich gegenseitig

Es handelt sich um eine Wechselwirkung, eine Dynamik, die einerseits durch die Anpassung an gegebene Gesellschafts- und Gruppennormen und andererseits aus dem Einwirken eines Individuums auf die Normen, Werte, Erwartungen und Ziele einer Gruppe oder Gesellschaft (vgl. König 2020) entsteht. Damit kann sogar eine besondere Ausstrahlung oder Wirkung eines einzelnen Mitglieds die Gruppenatmosphäre so stark beeinflussen, dass sich dadurch die Gesamtsituation und die gegenseitige Dynamik verändert.

Erwartung an Rollen

Rollenkonflikte

Aus den bestehenden Erwartungen, Normen und Werten gegenüber bzw. zwischen den Gruppenmitgliedern ergibt sich ein Gefüge aus Rollenerwartungen. Normen werden durch Menschen in gegenseitiger Dynamik geschaffen, verändert und mehr oder weniger erfüllt. Rollenverhalten ist entweder konform mit der entsprechenden Rollenerwartung oder nicht-konform. So entstehen Rollenkonflikte, Erwartungskonflikte, Veränderungen in den Rollenerwartungen und veränderte Normen. Dieser Prozess ist notwendig für die individuelle, aber auch für die gesellschaftliche Entwicklung, da sich nur so Lebensbedingungen und damit die Gesellschaft verändern können.

6.3 Fazit

Fest zugeschriebene und unveränderliche Rollen gibt es nicht. Sie sind abhängig von der Individualität, der Situation, der Bedürfnislage und vom Rollensetting. Verhalten ist Ergebnis der individuellen Merkmale und Bedürfnislage sowie des möglichen und erlaubten Verhaltens innerhalb einer Gruppe in Abhängigkeit von räumlichen, materiellen und sozialen Ressourcen. Rollen werden nicht „gespielt", sondern im Zuge dieser Dynamik eingenommen bzw. zugestanden. Hat eine Person der Gruppe die Führungsrolle inne, werden sich innerhalb dieser Gruppe kaum weitere Personen mit derselben Rolle finden. Ferner kann eine Rolle, hier die Führungsrolle, von einer Person nur eingenommen werden, wenn die anderen Gruppenmitglieder ihr diese Rolle zugestehen.

Rolleneinnahme – Rollenzuschreibung

Es geht um Rollenerwartung, -zuschreibung, -annahme, -erfüllung etc. in gegenseitig notwendiger Ergänzung. Eine Rolle muss angenommen werden, nachdem sie zuvor per Rollenerwartung und/oder Rollennorm zugeschrieben oder beim Anstreben einer Rolle von den anderen Gruppenmitgliedern gebilligt wurde. Es handelt sich um ein Wechselspiel von Rollenerwartung, Rollenannahme bzw. Nichtannahme und ggf. um ein Wechselspiel von Veränderung der Rollenerwartungen und -normen (vgl. Stierlin 1976).

Rollendistanz ermöglicht Entwicklung

Jeder Mensch füllt mehrere Rollen aus und hat mehrere soziale Positionen inne. Diese sind jeweils abhängig von dem sozialen Kontext, in dem er oder sie sich momentan bewegt. Dies bedeutet: Ändern sich die Gruppenbedingungen, kann sich innerhalb des individuellen Fähigkeits- und Handlungsspektrums auch das Verhalten einzelner Gruppenmitglieder verändern. Aus dem „Clown" wird vielleicht nicht unbedingt ein „Trauerkloß", aber ggf. eine engagiert mitarbeitende Person. Aus dem „Sonderling" wird vielleicht nicht unbedingt eine Führungsperson, aber vielleicht eine bedeutende Bezugsperson innerhalb einer kleinen Sub-Gruppe (König 2020, S. 50).

Rolleneinnahme gemäß Persönlichkeitsmerkmalen

Analyse der Rollen

Für die Analyse sozialpädagogischer Gruppen bedeutet die dynamische Rollentheorie, dass neben dem Blick auf die Einzelnen, auf deren individuelle Eigenschaften, auch der Blick auf das Setting gerichtet werden sollte.

- Wer schreibt wem welche Rolle zu?
- Wer nimmt in welchem Setting welche Rolle an?
- Wem wird welche Rolle zugestanden?
- Wie breit ist das Rollensegment[5] eines Individuums?
- Wie stark sind Rollenidentität bzw. Rollendistanz? Besteht dadurch die Möglichkeit zur Rollenreflektion?
- Und damit zur Veränderung der Rollenerfüllung?
- Welche Normen gibt es in der Gruppe?
- Welche werden verworfen?
- Wer bringt neue Impulse ein?
- Wem wird Gehör geschenkt?
- Wer kann sich weniger häufig durchsetzen?

7 Rollenkonflikte

Aus dem Gefüge von gemeinsamen Erwartungen, Normen und Werten einer Gruppe ergibt sich die Kohäsion, der Zusammenhalt, die Wir-Identifikation einer Gruppe.

Rollenvielfalt bedingt Rollenkonflikte

Zusätzlich zu dem bereits erwähnten angestrebten intrapersonalen Ausgleich zwischen Individual- und Gruppenbedürfnissen, welche bereits zu Spannungsverhältnissen führen können, kommen die Erwartungen verschiedener Gruppenmitglieder und die Normen der Gruppe hinzu, die ebenfalls in den Abwägungsprozess einzubeziehen sind. Eine komplexe Situation, die kaum gleichermaßen zu allseitiger Zufriedenheit gehandhabt werden kann. Eine Gemengelage, in der jeweils nur vorläufige Ausgeglichenheit und Gültigkeit erlangt werden können.

[5] Rollensegment bedeutet die Bandbreite der Rollen, die durch eine Person abgedeckt werden.

Das Gefüge der dynamischen Rollenzuschreibung bzw. -annahme ist ein fragiles System. Neue, abgeänderte Interessen, Meinungen und Bedarfe verändern die Gesamtsituation. Wird eine Rolle nicht mehr so ausgefüllt wie es bislang üblich war und daher erwartet wird, gerät das Gesamtgefüge in eine Schieflage.

Rollen stellen ein Gesamtgefüge dar

Neue Mitglieder, neue Anforderungen von außen und/oder die veränderte Bedürfnislage Einzelner können eine Neuausrichtung nach sich ziehen. Die infolgedessen veränderte Rollenverteilung innerhalb einer Gruppe kann eine Spaltung oder Auflösung derselben bewirken. Ursachen solcher Konflikte und Veränderungen sind in dem Grad der jeweiligen Rollenerfüllung und/oder der jeweiligen Rollenerwartung zu finden. Die sich so ergebenden Konflikte werden als Rollenkonflikte bezeichnet.

Rollendistanz

Diese Veränderungen können aus einer Rollendistanz heraus entstehen. Gemeint ist, dass die Erwartung an eine Rolle von dem/der Rolleninhaber:in reflektiert und die Rollenerfüllung daher nicht (mehr) vollständig angestrebt wird. Eine weitere Ursache für Rollenkonflikte dieser Art kann defizitäres Rollenwissen sein – das Wissen darüber, wie die Rolle zu füllen ist. Defizitäres Rollenwissen entsteht, wenn es unterschiedliche Auffassungen oder Unkenntnis über Normen im jeweiligen Kontext gibt. Dies kann sich durch die Herkunft aus unterschiedlichen Milieus, aus anderen Kulturkreisen und/oder durch mangelnde Flexibilität und Anpassungsfähigkeit ergeben.

Rollenidentität

Je größer die Bereitschaft zur Erfüllung der Rollenerwartungen ist, desto stärker ist die Rollenidentität. Dies geht zwar zulasten der Individualität, wird jedoch durch die Solidarität und das Gemeinschaftsgefühl der Gruppe kompensiert. „Ich bin eine:r von …" Das geht einher mit einer Erhöhung des Selbstwerts. Eine Gruppe gibt Status.

Je größer der Bedarf nach diesem Status ist, desto größer die Bereitschaft zur Anpassung an die Rollenerwartung und an die dazu erforderlichen Bedingungen.

Je mehr jedoch die Anforderungen und Normen der Gruppe an die eigenen Rollen reflektiert werden, desto größer wird die Rollendistanz und damit die Bereitschaft und Möglichkeit, sich für alternative Rollen bzw. Verhaltensweisen zu entscheiden, die Gruppenzugehörigkeit flexibler zu handhaben oder auch die Gruppe zu verlassen.

Für diesen Entscheidungsprozess braucht es einerseits den notwendigen Selbstwert, um sich non-konform zur Gruppe verhalten zu können, und andererseits die Fähigkeit, sich selbst und die eigenen Rollen zu reflektieren. Die sich daraus ergebenden Konflikte werden als Intra- und Inter-Rollen-Konflikte bezeichnet.

7.1 Intra-Rollen-Konflikte

Intra-Rollen-Konflikt

Der Intra-Rollen-Konflikt entsteht, wenn aus mehreren Rollen verschiedener Gruppen Erwartungen entstehen, die nicht in Einklang gebracht werden können. Hierbei handelt es sich um Rollenkonflikte innerhalb einer Person, die sich daraus ergeben, mehrere Rollen gleichzeitig zu erfüllen. Aus diesen Rollen ergeben sich wiederum konkurrierende bzw. sich widersprechende Rollenerwartungen.

Beispiel

Eine Person/Frau kann gleichzeitig Mutter, Arbeitnehmerin, Tochter und Ehefrau sein. So steht z.B. die Erwartung einer „guten" Mutter mit denen einer engagierten Berufstätigen im Konflikt oder sie schließen sich sogar gegenseitig aus.

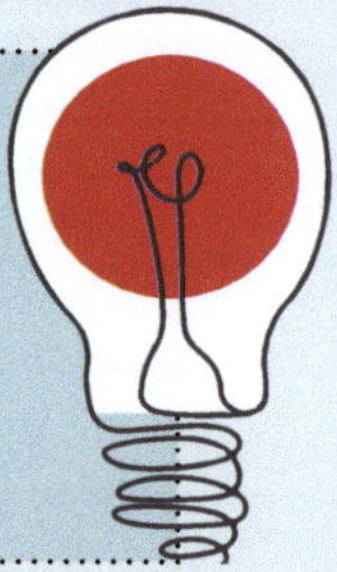

Das eigene Rollenselbstverständnis führt zu diesen Widersprüchen. Die bestehenden Rollenselbstbilder sind nicht alle und nicht gleichzeitig erfüllbar.

Die Lösung kann hier nur in einer Entweder-oder-Lösung gefunden werden. Entweder wird nur die eine oder die andere Rolle übernommen bzw. ausgefüllt. Entweder kann eine der beiden Rollen zur vollen Zufriedenheit ausgefüllt werden oder es ändert sich das Selbstverständnis zur Rolle.

7.2 Inter-Rollen-Konflikte

Inter-Rollen-Konflikt

Beim Inter-Rollen-Konflikt handelt es sich um den Konflikt innerhalb einer Rolle, genauer um mehrere und verschiedene Erwartungen, die von außen an diese Rolle herangetragen werden. Die Rollenfremdbilder werden mit der Erwartung zur Erfüllung an die Rolleninhaber:innen herangetragen.

Der Inter-Rollen-Konflikt stellt einen Appetenz-Appetenz-Konflikt dar, wenn innerhalb einer Rolle widerstrebende Erwartungen, die von außen herangetragen werden, im Widerspruch stehen.

Beispiel

An eine Mutter werden vom Kind, vom Vater, von den Großeltern, vom Kinderarzt, von der Schule und weiteren Personen Erwartungen gerichtet. Das Kind will möglichst wohlschmeckendes Essen, der/die Kinderärzt:in erwartet gesunde Ernährung, die Großeltern erwarten eine liebevolle Mutter und der Ehemann erwartet, dass die Kinder gute schulische Leistungen erbringen.

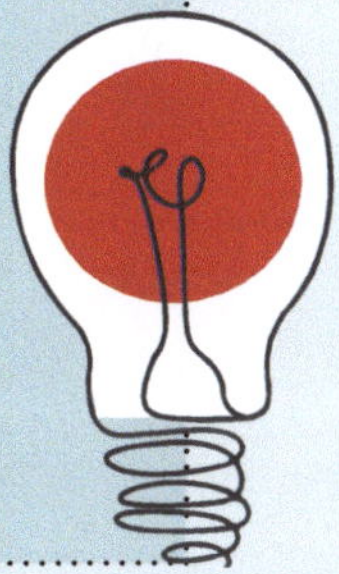

Eine Lösung kann nur herbeigeführt werden, indem eine Abgrenzung gegenüber bestimmten Erwartungen und den Erwartungsträger:innen erfolgt.

Insbesondere Kindern fehlt aufgrund ihres Entwicklungsstandes die hier erforderliche Selbststeuerung, da sie noch keine Rollendistanz und damit noch keine Reflexion ihrer eigenen Rolle vornehmen können.

Häufig befinden sie sich daher in einem nicht oder nur schwer steuerbaren Rollenkonflikt, sie stehen zwischen ihren eigenen Bedürfnissen und den Erwartungen der Erwachsenen. Die von Kindern gewählte Lösung eines Konfliktes wird meist zugunsten der eigenen Bedüfnislage entschieden, was häufig als ein egoistisches Verhalten wahrgenommen wird, aber der fehlenden Rollendistanz und dem fehlenden Überblick geschuldet ist.

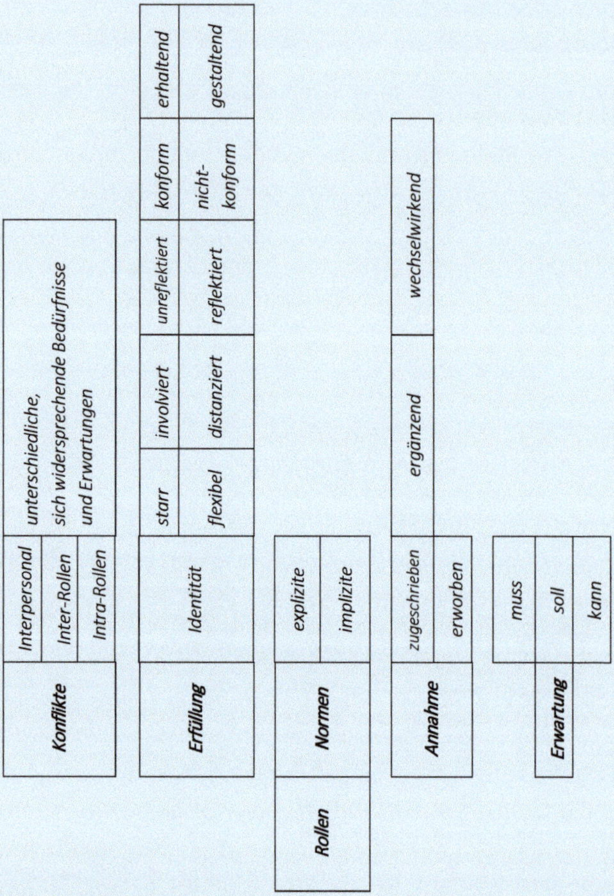

7.3 Selbstkonzept

Übereinstimmung Selbst- und Fremdwahrnehmung

Das Verhalten des/der Einzelnen innerhalb einer Gruppe steht in engem Zusammenhang damit, wie sich das Individuum jeweils selbst definiert und wie er oder sie sein möchte, also mit dem Rollenselbstbild. Diese Selbstdefinition entsteht im Kontext des Rollenfremdbildes der anderen und analog zur Rollenannahme sowie -zuschreibung. Sie ist eine zentrale Aufgabe im Sozialisationsprozess, der über den Prozess der Co-Konstruktion zur Entwicklung der eigenen Persönlichkeit führt. Die durch die biologischen Anlagen gegebenen Dispositionen werden im Laufe dieser Entwicklung in

Abhängigkeit von der Umwelt ausgebildet, intensiviert oder vernachlässigt.

Soziales Verhalten wird durch den sozialen Vergleich erworben und durch die kognitive Dissonanz (Festinger 2020) legitimiert. Die Kausalattribution, die Ursachenzuschreibung, die zum Schutz des eigenen Selbstwertes vorgenommen wird, sieht je nach Attribuierungsstil und Situation die Ursachen von Lebensereignissen im Außen oder in der eigenen Person (Weiner 1994).

Selbstwerterhaltung

Verkürzt dargestellt geht es um die Frage: Wer will ich sein? Wer kann ich sein? Bringe ich die dafür notwendigen Anlagen mit oder kann ich diese erwerben, um sein zu können, wer ich sein möchte? Oder muss ich meine Vorstellungen über mein Selbst abändern und an die gegebenen Umstände und Möglichkeiten anpassen? Oder muss/will ich die Umstände, die mich daran hindern, der- oder diejenige zu sein, der/die ich gerne sein möchte, verändern oder gar verlassen?

Selbstkonzept neu definieren

Der Abgleich zwischen dem realen Selbst, den Idealen, dem öffentlichen und dem privaten Selbst ist der Prozess, der zur Entwicklung eines Selbstkonzeptes führt (Rogers 2006).

Selbstkonzept

Auf die Identitätsentwicklung kann hier nur verkürzt eingegangen werden. Weitere Autor:innen und Theorien, wie die psychosoziale Entwicklung nach Erikson (1988), die Identitätsentwicklung nach Marcia (1993), das Modell der produktiven Realitätsverarbeitung oder die 10 Maximen nach Hurrelmann (2021), können zur Vertiefung gelesen werden. Auch können hier die Abhängigkeit der Selbstentwicklung, Sozialisation und die dynamische Rollentheorie (Krappmann 2000) nur kurz erwähnt werden.

Wie bereits in der Einleitung formuliert: Individualität wird nur in der Gruppe wahrgenommen und erlebt, daher kann sie auch nur dort erworben und entwickelt werden.

7.4 Fazit

Das Rollenverhalten steht in engem Zusammenhang mit dem Selbstwertgefühl. Dysfunktionale gruppendynamische Verläufe, die im Zusammenhang mit einer unangemessenen Kohäsion stehen (vgl. S. 63f.), dürften daher mit einer nicht ausreichenden Selbstregulation oder mit einem problematischen, als niedrig empfundenen Selbstwert eines oder mehrerer Gruppenmitglieder verbunden sein.

Teil C: Beobachtung und Analyse sozialpädagogischer Gruppen

8 Gruppenbeobachtung

Im Gegensatz zu Einzelbeobachtungen richtet sich die Gruppenbeobachtung weniger auf das Verhalten, Empfinden und den Entwicklungsstand einzelner Personen, als vielmehr auf das Agieren und Interagieren einzelner Personen innerhalb einer Gruppe. Auch das Agieren einer einzelnen Person innerhalb anderer Gruppen kann von Interesse sein, da dort ein anderes Setting[6] herrscht, was möglicherweise zu einem veränderten Verhalten bzw. zu einer anderen Rollenwahrnehmung führt.

Art der Sozialkontakte beobachten

Die Beziehungen und die Art des Umgangs verschiedener Gruppen miteinander können angesichts mehrerer parallel existierender Sub-Gruppen innerhalb größerer Gruppen von Bedeutung sein.

Es geht in der Gruppenbeobachtung weniger darum festzustellen, welche Interessen und Bedarfe die einzelne Person für sich und ihre Entwicklung in den jeweiligen Entwicklungsbereichen hat, als vielmehr darum, wie sich die Beziehungen Einzelner im Miteinander gestalten. Kurz gesagt um die Frage, was in der (Gesamt-)Gruppe los ist.

Bedarfsermittlung für die Gruppen

Wie viele und welche Sub-Gruppen gibt es? In welcher Gruppenphase befinden sich die jeweiligen Gruppen? Welche Bedarfe haben die jeweiligen Sub-Gruppen?

In welcher Gruppenphase befindet sich welche Sub-Gruppe?

[6] Settings sind soziale Systeme, Orte oder soziale Zusammenhänge.

Welche Sub-Gruppen bilden sich gerade? Welche nehmen derzeit einen (un-)günstigen Verlauf? Welche lösen sich gerade auf?

Wer nimmt wann welche Rolle ein?

Weitergehend ist auch relevant, wer wann in welcher Gruppe wie aktiv ist oder wer in welchen Gruppen mit welcher Rolle und Position akzeptiert bzw. weniger akzeptiert ist. Oder ist er/sie in wenigen Gruppen aktiv bzw. möglicherweise keiner Gruppe zugehörig? Wer ist gut integriert und wer braucht ein anderes Angebot und/oder Unterstützung? (vgl. S. 105)

8.1 Kriterien der Gruppenbeobachtung

Beobachtungsmerkmale zur Gruppenbeobachtung müssen daher anderen Kriterien folgen. In dem „Handbuch Gruppen und Teams professionell beraten und leiten" (Badziat/Kuhn 2021, S. 159ff.) werden mehrere Beobachtungskriterien genannt und zu folgenden Kategorien zusammengefasst:

- Interaktion
  Wer mit wem, wie und wie lange? Sind Interaktionsmuster oder Wiederholungen erkennbar? Wer sitzt neben wem? Gibt es gendertypisches Verhalten?
- Normen
  Welche offiziellen und informellen Verhaltensnormen und/oder Bekleidungsnormen bestehen? Welche Verhaltensweisen sind erwünscht? Welche verpönt? Wer setzt welche Regeln fest und durch?
- Rollen und Status
  Wer agiert wie häufig aus welcher Rolle heraus? Wem gegenüber in welcher Rolle? Sind Typisierungen erkennbar? Wer nimmt welchen Status ein bzw. wem wird welcher Status zuerkannt? (Vgl. S. 68 f.)
- Körpersprache und Nonverbales
  Wie ist die Atmosphäre in welcher Gruppe? Was ist Thema? Was wird unterdrückt? Welche Köpersprache ist erkennbar?
- Kontext
  Wie verhält sich welche Gruppe und welches Gruppenmitglied in welchem Kontext? Wie verändert sich die Situation, wenn Gruppenmitglieder fehlen?

- Leitung
  Wie verändert sich die Gruppensituation, das Gruppenverhalten im Kontext der Leitung? Wie reagieren Teile der Gruppe auf welchen Führungs- bzw. Erziehungsstil?
- Gruppenphase/Gruppendynamik
  In welcher Phase der Gruppendynamik befindet sich die Gruppe bzw. ggf. die Sub-Gruppe? Welchen Einfluss nehmen Einzelne auf den Verlauf der Gruppenphasen? Welche Beobachtungsmerkmale oder Verhaltensweisen sprechen für das Vorhandensein welcher Phase? (Vgl. S. 25)

8.2 Datenerhebung

Um darstellbare Ergebnisse zu erhalten, werden Daten gerne über Interviews erhoben. Die einschlägige Empfehlung lautet, mithilfe der Fragen, „Wer würde mit wem auf eine einsame Insel gehen?" „Wer soll auf wessen Geburtstag eingeladen werden?" o. Ä., zu verwertbaren Daten zu kommen.

Interview zur Datenerhebung?

Insbesondere bei Kindern sind die Antworten auf Fragen dieser Art aufgrund der fehlenden Voraussicht und des fehlenden Abstraktionsvermögens (Piaget 1998; Oerter 2002; Schneider/Lindenberg 2012) jedoch wenig aussagekräftig.

Darüber hinaus stellen diese Fragen und die erhaltenen Antworten eine Einflussnahme (Heisenberg 1927) auf die sozialen Beziehungen in der Gruppe dar und sind möglicherweise auch noch stigmatisierend (vgl. Labeling Approach bei Goffman 2010).

Deshalb sollte auf dieses vielfach propagierte Verfahren zur Datenerhebung verzichtet werden. Vielmehr können über erprobte Beobachtungsverfahren, z. B. Zählraster, die sowohl quantitativ als auch qualitativ angelegt sein können, Kontakte der Personen innerhalb einer Gruppe und zu anderen Gruppen erfasst und dokumentiert werden.

Beeinflussung durch Interviews

Führen Sie bitte KEINE Interviews mit Kindern und Jugendlichen durch.

Um durch die Beobachtung und durch das Beobachtungsverfahren selbst keinen Einfluss auf den Verlauf und das Verhalten der Gruppenmitglieder zu nehmen, empfiehlt es sich, eine nicht-teilnehmende Beobachtung durchzuführen oder

Datenerhebung durch Beobachtung

zumindest die Beeinflussung durch das eigene Handeln als Unschärfe in die Analyse einzubeziehen.

8.3 Methodische Anregungen zur Datenerfassung und -darstellung

Formale Daten ermitteln

Vorbereitend sollten zunächst die statistischen und demografischen Kerndaten (vgl. Badziat 2021, S. 158ff.) der Gesamtgruppe in einer Übersichtstabelle erfasst werden, differenziert nach relevanten und strukturgebenden Merkmalen. Dies sind die Merkmale der formellen bzw. informellen Gruppen sowie Alter und Geschlecht, aber auch Dauer, Bestand und Stabilität der Gruppe. Je nachdem mit welcher Situation, welchem Zeitpunkt des Tagesablaufs und mit welcher Fragestellung eine Beobachtung verbunden ist, können und sollten weitere Merkmale erfasst werden.

Nachdem der Beobachtungsanlass festgelegt und entschieden wurde, welche Daten relevant sind, können weitere allgemeingültigere Einflussfaktoren in die Datenerhebung einbezogen werden.

8.3.1 Soziometrie

Beobachtungsfragen

Weitere relevante Merkmale in Abhängigkeit zur Beobachtungsfrage können z.B. die Anzahl der Geschwister, Religionszugehörigkeit, Muttersprache, Ankunfts- oder Abholzeit in der Kita oder Interessen und Vorlieben sein. Auch das Spielverhalten und Spielinhalte sind Merkmale, die erfasst werden können: Welche Kinder spielen wie oft mit wem, wo, was, wie intensiv? Was sind die Spielinhalte? Sind diese häufig wechselnd? Gibt es Konflikte? Wie häufig? Welcher Art? Zwischen wem? Wobei? Weswegen?

Die Vielzahl der Fragestellungen und Beobachtungsmerkmale machen eine Strukturierung erforderlich. Hilfreich kann die Verwendung von Tabellen sein, die flexibel je nach Beobachtungsanlass und Beobachtungsmerkmalen gestaltet werden können.

Beispiele

So könnte z. B. eine Matrix für Spielbereiche und Spielverhalten angefertigt werden:

Rollenspielbereich

Anwesende Kinder / Spielverhalten	Versorgung Baby (Puppe)	Themenbestimmend	Empathisch	Konfliktverhalten
Peter	x			koaliert mit Petra
Paul		x		durchsetzungswillig
Paula			x	
Petra	x			zieht sich aus Stresssituationen heraus

Um weitere bedeutsame Lebensbedingungen aussagekräftig erfassen und übersichtlich darstellen zu können, ohne jedes einzelne Kind beschreiben zu müssen, können Personen mit ähnlichen bzw. gleichen Merkmalen zu Gruppen zusammengefasst werden.

So können beispielsweise familiäre Bedingungen, Wohnsituation, Religionszugehörigkeit, Anzahl der Geschwister, das soziale Umfeld etc. ebenfalls in einer Tabelle erfasst werden.

Wohnsituation

		Petra	Peter	Paul	Paula	Summe
Wohnsituation	Haus mit großem Garten	x				1
	Reihenhaus mit kleinem Garten		x			1
	Etagenwohnung			x		1
	Kleine Wohnung				x	1
	Sehr beengtes Wohnen					0
				Summe:		4

Die Ergebnisse einer solchen tabellarischen Übersicht, hier vereinfacht und exemplarisch, können zu verschiedenen

Kategorien zusammengefasst und grafisch, z. B. als Kreisdiagramm, dargestellt werden.

Abbildung 9
Kreisdiagramm
Wohnsituation

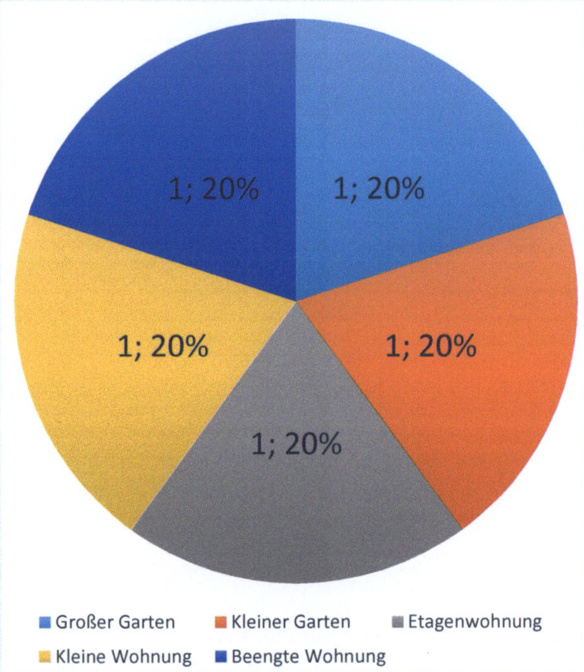

Weitere Merkmale und Kriterien für eine Datenerhebung und Datendarstellung könnten sein:

Individuelle Merkmale

- Entwicklungsstand/Förderbedarf,
- Entwicklungsbereich: kognitiv, sprachlich, motorisch, sozial-emotional …
- Explorationsverhalten,
- Bindungsverhalten,
- Lerndispositionen …

Soziale/familiäre Merkmale:

Familie: Traditionell, getrennt-alleinerziehend, getrennt-patchwork, Beziehung zu Großeltern …

Anzahl Geschwister: Keine, eins, zwei, mehr als drei

Weltanschauung: Nur zugehörig, praktizierend oder vertiefend überzeugt: christlich, muslimisch, atheistisch …

Bildungsverständnis der Eltern: Hohe formale Bildung, politische Bildung etc.

Einkommenssituation der Eltern: Hohes, mittleres, geringes Einkommen

8.3.2 Beispielsituation in einer Kita-Gruppe

Nachfolgend wird als Beispiel eine Kita-Gruppensituation eingeführt. Zunächst mit einer exemplarischen Beschreibung über eine Gruppenzusammensetzung, welche dann anhand spezifischer Gruppenmerkmale formeller und informeller Gruppen strukturiert und sortiert erfasst wird. Individuelle Merkmale wie Zugehörigkeit zu einer Altersgruppe und Geschlecht werden hier ergänzt.

Anwendungsbeispiel Kita-Gruppe

Weitere, eigentlich unverzichtbare individuelle Merkmale, wie Namen und das konkrete Alter, fehlen hier wegen der exemplarischen Darstellung. In den weiteren Kapiteln wird auf diese fiktive Gruppe erneut Bezug genommen.

Gruppenbeschreibung

In der Kita-Gruppe XY gibt es sechzehn Jungen und neun Mädchen. Drei der Mädchen und acht der Jungen sind Vorschulkinder.

Zu den Mittelkindern (4–5 Jahre alt) gehören vier Mädchen und fünf Jungen. Bei den restlichen jüngeren Kindern gibt es zwei Mädchen und drei Jungen, die drei Jahre und jünger sind. Das jüngste Kind ist neu in der Kita, es ist ein Flüchtlingskind. Der ältere Bruder ist in der Nachbargruppe.

Formale Datenerhebung

Die Gruppe der Vorschulkinder hat sich in zwei Sub-Gruppen geteilt, die jeweils gut zusammengefunden haben. Sie spielen im Außengelände, wobei die eine Gruppe Buden gebaut hat und darin spielt, während die andere Gruppe, vier Jungen der Vorschulkinder, auf dem Schulhof Straßen aufzeichnet, die sie ihre Stadt nennen und in der sie mit Kettcars herumfahren. Ein weiteres Vorschulkind, männlich, hat einen sporadischen Kontakt zu einem Jungen dieser Gruppe und ist ansonsten eher isoliert.

Die Mittelkinder spielen in geschlechtshomogenen Gruppen. In beiden gibt es häufig Konflikte. Die Kinder mit polnischen und russischen Wurzeln haben sich gut integriert.

Die jüngeren Kinder, alle sind erst seit einigen Monaten in Deutschland, spielen jede:r für sich.

Der Migrationsanteil liegt bei ca. 25 %, die Migrant:innen stammen überwiegend aus Nordafrika, die anderen ca. 75 % sind fast alle Deutsche bzw. polnischer oder russischer Herkunft, aber schon viele Jahre in Deutschland.

8.3.3 Strukturierung der Daten

Tabellarische Darstellung

Viele Informationen über die Gruppenzusammensetzung sind hier genannt worden. Ein wirklicher Eindruck oder Überblick konnte wegen der hohen Informationsdichte nicht entstehen. Um die Daten einer Gruppe übersichtlicher zu gestalten, hilft es, diese nach den formalen Merkmalen sortiert zu einer Tabelle oder Auflistung zusammenzustellen. Hier für die exemplarische Gruppe eine strukturierte Darstellung:

Anzahl **Kinder gesamt**	25	
Jungen:	16	Mädchen: 9
Anzahl **Vorschulkinder gesamt**	11	
Jungen:	8	Mädchen: 3
Anzahl **Mittelkinder gesamt**	9	
Jungen:	5	Mädchen: 4
Anzahl **neue Kinder**	5	
Jungen:	3	Mädchen: 2

Weiteres zur Strukturierung, Datensammlung und zur Erstellung eines Soziogramms siehe S. 88 ff.

9 Soziogramm

Klassischerweise werden Gruppenbeobachtungen mit einem Soziogramm (Moreno 1974) dargestellt. Das Soziogramm wurde von Jacob Levi Moreno entwickelt und dient der übersichtlichen und schematischen Darstellung von Art und Qualität sozialer Beziehungen einzelner Personen in Gruppen.

Historisches

Zur Darstellung sozialer Beziehungen in Gruppen anhand eines Soziogramms haben sich verschiedene Symbole etabliert. So wird für jede Person eine Form verwendet, für Frauen ein anderes als für Männer, Dreieck und Viereck oder Kreis haben sich durchgesetzt.

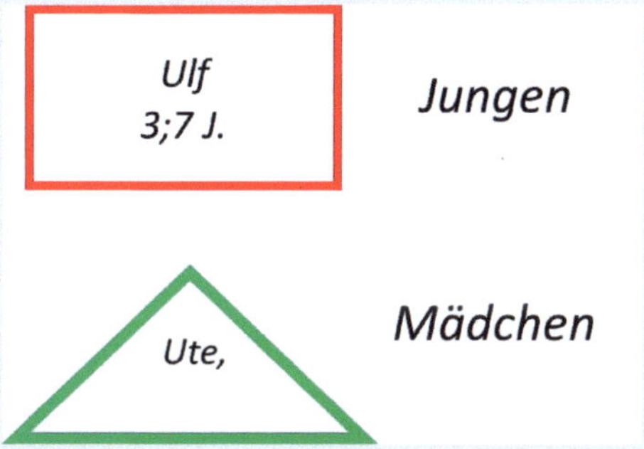

Abbildung 10
Symbole Soziogramm Geschlecht

Mit farbigen Rändern können die formalen Gruppen kenntlich gemacht werden. Zum Beispiel rote Ränder für Vorschulkinder, grüne für Mittelkinder und gelbe für neue Kinder.

Enge soziale Beziehungen werden durch eine räumlich nahe, weniger enge Beziehungen durch räumlich entferntere Anordnungen auf dem Papier widergespiegelt.

Die Art bzw. die Qualität der Beziehung wird durch die Auswahl eines passenden Beziehungssymbols gekennzeichnet. Die Häufigkeit kann durch die Strichbreite, die Qualität über eine enge oder weiter gestrichelte bzw. durchgezogene Linien gekennzeichnet werden. Beziehungen und Kontakte, die von beiden Seiten gesucht und gepflegt werden, können durch Linien mit beidseitigen Pfeilen verdeutlicht werden.

Beziehungsdarstellung

Zum Beispiel nachfolgende Darstellung:

Abbildung 11
Beziehungssymbole
Soziogramm

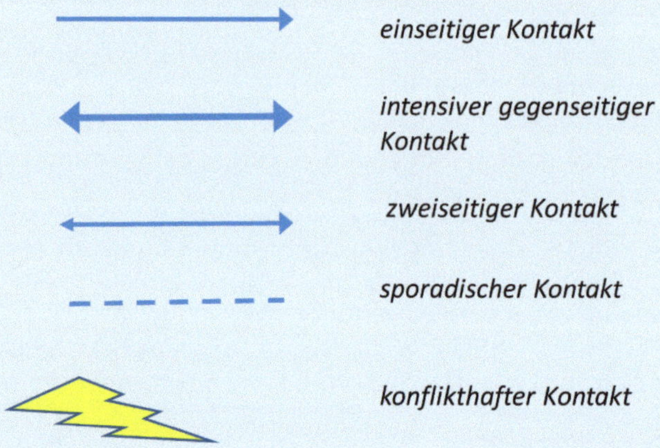

9.1 Funktion von Soziogrammen

Anschaulicher Überblick

Soziogramme sind nicht nur Erhebungs- und Dokumentations-, sondern auch Analyseinstrumente. Die Analyse einer Gruppensituation kann mit einem Soziogramm anschaulich durchgeführt werden. So kann ermittelt werden, wie viele Sub-Gruppen zur Gesamtgruppe gehören, in welcher Phase der Gruppendynamik sie sich jeweils befinden, welcher gruppenpädagogische Handlungsbedarf besteht und wie diesem begegnet werden könnte und sollte. Ferner wird festgestellt, welche Kinder bzw. Jugendlichen wann zusammenspielen bzw. agieren, wie sie zusammenspielen/agieren, ob Konflikte auftauchen und welche Konflikte mit wem, worüber und wann entstehen. Rollen und Positionen einzelner Personen werden durch die Nähe der Anordnung sowie die Art und Anzahl der Beziehungssymbole deutlich.

Legende hinzufügen

Die Umwandlung der Gruppensituation in eine symbolhafte Darstellung erfordert in besonderen Situationen Kreativität, sodass bei der Wahl der Darstellungsart Symbole gefunden werden, die von den Standardsymbolen abweichen. Um dennoch eine Nachvollziehbarkeit und Lesbarkeit sicherzustellen, ist es üblich, zu jedem Soziogramm eine passende Legende anzufertigen.

Soziogramme können und sollten regelmäßig zu bestimmten Anlässen und bei verschiedenen Bedarfslagen angefertigt werden. Eine vergleichende Betrachtung vorheriger und aktuellerer Soziogramme verdeutlicht Veränderungen, wodurch eine Entwicklung, ein Prozess wahrnehmbar wird.

9.2 Soziogramme in sozialpädagogischen Einrichtungen

Es bietet sich an, Soziogramme zu verschiedenen Zeitpunkten, z. B. während des Frühstücks, des Nachmittags, des Gesprächskreises etc. anzufertigen. Die spezifischen Situationen in den verschiedenen Tagesabschnitten des Gruppenalltages werden so verdeutlicht. Unterschiedliche Bedarfe, Notwendigkeiten und daraus resultierende Zuständigkeiten für bestimmte Gruppen und/oder Tagesabschnitte können festgestellt und auf verschiedene Kolleg:innen verteilt werden.

Anlass zur Soziogrammerstellung

Die Gruppensituation kann und wird sich z. B. zu Beginn des Tages anders darstellen als auf dem Höhepunkt und/oder bei der Auflösung. Die Bedarfe in den Situationen sind jeweils andere.

Zu Beginn eines Tagesablaufs, eines Gruppentreffens, sind die Bedarfe der Gruppenmitglieder an die Gruppenleitung höher, da die Gruppenmitglieder, zu denen ein bevorzugter Kontaktwunsch besteht, noch nicht anwesend sind.

In der Hochphase eines Treffens/Tagesablaufes, wenn sich unter den anwesenden Gruppenmitgliedern eine stabile Situation eingespielt hat, sich gemeinsame Aktivitäten eingestellt haben, eine Einigung auf bestimmte Abläufe und Aktivitäten erfolgte, Ressourcen verteilt, Raum und Materialnutzungsmöglichkeiten ausgelotet sind, nimmt die Anforderung an die Gruppenleitung ab.

Verschiedene Abschnitte im Tagesablauf

Ggf. wird sie dann wieder mehr gebraucht, wenn Fragen oder Konflikte entstehen. Zur Auflösung des Treffens im Tagesablauf wird die Gruppenleitung in struktur- und impulsgebender Funktion benötigt. Es geht darum, die Aktivitäten rechtzeitig zu beenden, aufzuräumen, Erlebtes und ggf. Erreichtes zu besprechen, zu reflektieren, um künftig Veränderungen und/oder Verbesserungen vornehmen zu können. Verabredungen für weitere und neue Treffen können getroffen,

Pädagogische Bedarfe erkennen

Verbindlichkeiten in den sozialen Beziehungen hergestellt, Ressourcenverteilungen und programmatische Inhalte und Vorgehensweisen partizipatorisch gestaltet werden.

Auch äußere Einflüsse, wie z. B. die Pandemieregelungen, haben Auswirkungen auf das Gruppengeschehen, das Spiel- bzw. Sozialverhalten und damit auf die gesamte Gruppendynamik.

Vergleiche verdeutlichen Veränderungen

Wirkung und Auswirkung all dieser Aspekte kann anhand vergleichender Soziogramme, falls sie regelmäßig angefertigt werden, nachvollzogen, veranschaulicht, dokumentiert und archiviert werden.

9.3 Methodisches zur Erstellung von Soziogrammen

Anschaulichkeit und Flexibilität

Mithilfe von Soziogrammen sollen Gruppensituationen anschaulich, übersichtlich und schnell interpretierbar dargestellt werden. Um die Kontinuität eines Prozesses oder auch Veränderungen in der Gruppensituation wahrnehmen zu können, müssen Soziogramme zu verschiedenen Zeitpunkten erstellt und miteinander verglichen werden.

Verschiedene methodische und technische Vorgehensweisen stehen bei der Erstellung eines Soziogramms zur Verfügung, die je nach Fähigkeiten und technischer Ausstattung ausgewählt werden können.

9.3.1 Analoge Erstellung – Papier

Papier und Schere

Soziogramme können analog durch Auflegen oder Aufkleben auf Tonpapier oder Pappe erstellt werden. Die benötigten Formen müssen dazu gemäß der zuvor festgelegten Symbolik angefertigt und entsprechend der Bedarfsmenge hergestellt werden. Für die Identifizierung einzelner Personen müssen sie beklebt oder beschriftet werden, Name und Alter sollten angegeben werden. Die so angefertigten Symbole können variiert und neu angeordnet werden, bis ein übersichtliches und stimmiges Ergebnis gefunden worden ist.

Dokumentation

Dieses kann mit einer Kamera dokumentiert und je nach Verwendung von analoger oder digitaler Technik zum Zweck der

Archivierung gespeichert oder ausgedruckt werden. Die Bezeichnung der Gruppe (z. B. Vorschulkinder), der Anlass, die Situation und das Datum sollten hinzugefügt werden.

Wenn die Symbole laminiert sind, können Name und Altersangaben mit Folienstiften hinzugefügt werden und sie sind somit noch flexibler, nachhaltiger und langfristiger verwendbar.

Zur Vereinfachung des Arbeitsverfahrens können Soziogramme, bei entsprechender materieller Ausstattung auch papierfrei, erstellt, bei Bedarf um Veränderungen ergänzt und ausgedruckt oder abgespeichert werden.

9.3.2 Digitale Erstellung

Je nach digitaler Kenntnis lässt sich ein normales Textverarbeitungsprogramm zur Erstellung eines Soziogramms verwenden oder im Internet können zur Verfügung stehende, mehr oder weniger kommerzielle Programme heruntergeladen werden. Am günstigsten ist die Verwendung eines üblichen Textverarbeitungsprogramms. Symbole können in ein Textdokument eingefügt, farblich gestaltet und beschriftet werden. Die Symbole können in der Größe variiert, gruppiert und verschoben werden.

PC und Symbole einfügen

Die digital erstellten Soziogramm-Dokumente sind veränderbar und können erneut abgespeichert werden. Der Name der Gruppe, der Anlass, die Situation und das Datum können im Speichertitel angegeben und bei Bedarf neu ausgedruckt werden. Die abgespeicherten und/oder ausgedruckten Dokumente sind dann miteinander vergleichbar.

Noch einfacher können Soziogramme mit PCs oder Tablets angefertigt werden, die über einen Touchscreen verfügen. Durch die Auswahl verschiedener Stiftarten und Farben lassen sich Symbole schnell und unkompliziert erstellen. Sie sind leicht korrigier-, kopier- und verschiebbar und können ebenfalls abgespeichert werden.

9.3.3 Erstellung mit magnetischen Symbolen

Magnetische Symbole

Eine besonders flexible, anschauliche und nachhaltige Methode der Soziogrammerstellung ist die Verwendung von magnetischen und wiederbeschreibbaren Symbolen. Auf einem Board können diese übersichtlich angebracht und spontan an die sich neu ergebende Gruppensituation angepasst werden. An einem geeigneten und geschützten Ort, z.B. im Büro oder Besprechungsraum aufgehängt, können die gruppendynamischen Prozesse direkt in eine (Gruppen-) Besprechung einbezogen werden.

Situative Zusammenhänge, Ort und Zeit werden auf den beschreibbaren Magnetstreifen festgehalten, Dokumentation und Archivierung können mit einer Kamera analog oder digital vorgenommen werden. Unter der Marke Sozio scrum®-board wird von der Autorin ein Set vertrieben, das aus einem Board und wiederbeschreibbaren magnetischen Symbolen unterschiedlicher Form und Farbe besteht, mit denen Gruppenprozesse flexibel dargestellt werden können.

10 Soziogrammerstellung

Vorüberlegungen und Vorbereitung

Bevor ein Soziogramm angefertigt werden kann, braucht es einen Überblick über die Zusammensetzung der Gruppe, um für jede Gruppe die benötigte Anzahl und Art der Symbole (Farbe, Form und ggf. Größe) festlegen zu können. Überlegungen zur Art der Darstellung und zur Anordnung der Symbole sind weitere bedeutende Vorüberlegungen (vgl. S. 84).

10.1 Exemplarisches Soziogramm Kita-Gruppe – Freispielsituation

Anhand der Gruppendarstellung und Beschreibung der exemplarischen Kita-Gruppe (S. 81) wird im Folgenden ein Soziogramm erstellt:
Dazu werden hier zunächst die in der obigen Gruppenbeschreibung genannten Merkmale wiederholt, um diese nochmals zu vergegenwärtigen. Nun aber in Tabellenform, um eine weitere Möglichkeit der übersichtlichen Darstellung aufzuzeigen, aus welcher die Anzahl der Personen der

männlichen und weiblichen Gruppenmitglieder, jeweils nach Altersstufe und formeller Gruppe sortiert, entnommen werden können.

10.1.1 Datensammlung, Datenstrukturierung der formellen Gruppen

Gesamtgruppe	25	Davon ♂	16
		Davon ♀	9
Vorschulkinder	11	Davon ♂	8
		Davon ♀	3
Mittelkinder	9	Davon ♂	5
		Davon ♀	4
Neue Kinder	5	Davon ♂	3
		Davon ♀	2

10.1.2 Datensammlung, Datenstrukturierung der informellen Gruppen

Vorschulkinder: Sub-Gruppe/n / Spielgemeinschaft/en
8 Mädchen bilden eine Spielgemeinschaft,
3 Jungen bilden eine Spielgemeinschaft.

Mittelkinder: Sub-Gruppe/n / Spielgemeinschaft/en
4 Mädchen bilden eine Spielgemeinschaft
5 Jungen bilden eine Spielgemeinschaft

Neue Kinder: Sub-Gruppe/n / Spielgemeinschaft/en

Es gibt nur 5 lose, zufällige Kontakte, Parallelspiel (vgl. Spielentwicklung, in: Oerter 1998 und Schneider/Lindenberg 2012).

Nationalität, Migrationshintergrund und/oder weitere Merkmale werden nur hinzugefügt, wenn sie von Bedeutung sind (vgl. S. 82).

10.1.3 Soziogramm-Darstellung exemplarische Kita-Gruppe – Freispielsituation

Abbildung 12
Soziogramm exemplarische Gruppe

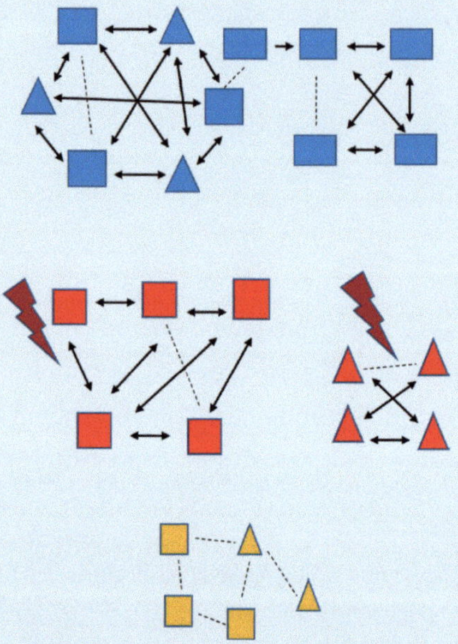

Legende zum Soziogramm:

Anzahl Vorschulkinder:	blau 11;	
davon	Jungen: 8	Mädchen: 3
Anzahl Mittelkinder:	rot 9;	
davon	Jungen: 5	Mädchen: 4
Anzahl neue Kinder gelb:	gelb 5;	
davon	Jungen: 3	Mädchen: 2

Mädchen:

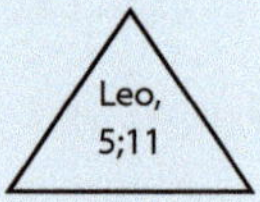

Jungen:

Gegenseitiger Spielkontakt: ←——→

Einseitiger Spielkontakt: ——→

sporadischer Kontakt: ----------

Konflikte: 

Jedes Personen- Symbol sollte mit Namen und dem genauen Alter (Anzahl Jahre; Monate) versehen werden. Ein scheinbar gleiches Alter, welches lediglich anhand der Anzahl von Jahren dargestellt wurde, kann einen Altersunterschied von 11 Monaten betragen, was bei Kindern einen großen Unterschied ausmacht.

10.2 Exemplarisches Soziogramm Kita-Gruppe – Bring-Situation

Soziogramme können und sollen mehrfach und auf unterschiedliche Anlässe bezogen erstellt werden. Nachfolgend wird ein Soziogramm bezogen auf die Bring-Situation in einer Kita dargestellt. Deutlich wird durch das Hinzufügen der farblichen Markierung, welche Kinder der Sub-Gruppen sich zu welchem Zeitpunkt einfinden und wie lange es dauert, bis alle Gruppen vollständig anwesend sind. Für Kinder, deren Spielgruppe (noch) nicht zustande gekommen ist, ergibt sich dadurch ggf. der Bedarf, mit einem niederschwelligen Angebot die Wartezeit zu gestalten.

Abbildung 22
Beispielsoziogramm
Bring-Situation

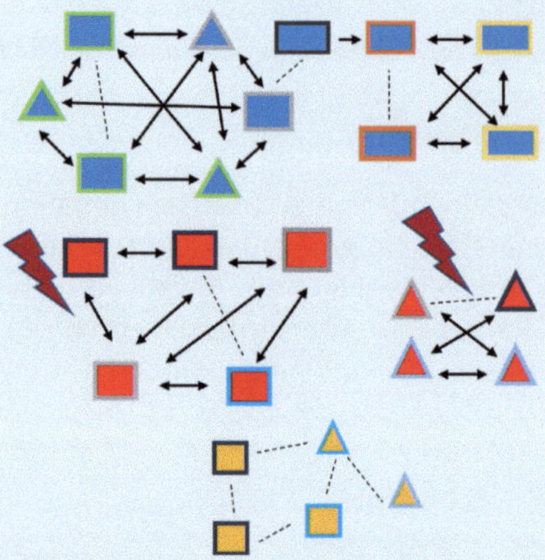

Ankunftszeiten, farbliche Markierungen und Anzahl ankommende Kinder

Form	Zeit	Anzahl	Form	Zeit	Anzahl	Form	Zeit	Anzahl	Form	Zeit	Anzahl
□	7:00 – 7:15	3	□	7:15 – 7:30	2	□	7:30 – 7:45	3	□	7:45 – 8:00	4
□	8:00 – 8:15	2	□	8:15 – 8:30	5	□	8:30 – 8:45	0	□	8:45 – 9:00	6

10.3 Exemplarisches Soziogramm Kita-Gruppe – Freispielsituation

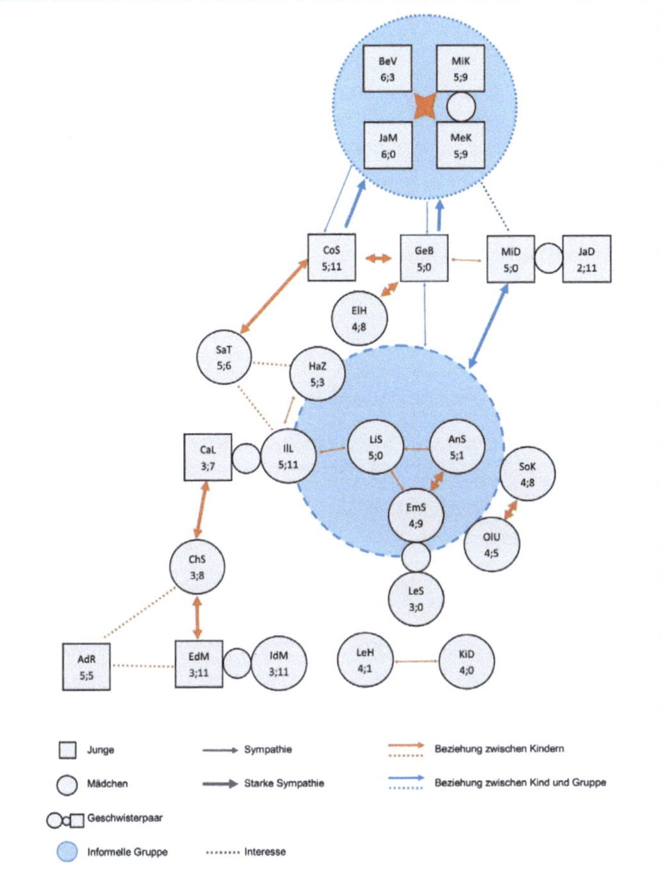

Abbildung 13
Beispielsoziogramm Freispielsituation

11 Analyse eines Soziogramms

Dokumentations- und Analyseinstrument

Ein Soziogramm ist einerseits eine Dokumentationsmethode, mit der sich die Merkmale einer Gruppe auf der Grundlage einer strukturierten Datenerhebung übersichtlich darstellen lassen. Andererseits ist es ein Analyseinstrument, anhand welchem die Art und die Qualität der Beziehungen der Gruppenmitglieder zueinander in ihren jeweiligen Sub-Gruppen, aber auch die Art und die Qualität der Kontakte der Sub-Gruppen untereinander erkennbar wird.

Planung des Vorgehens

Es ist festzulegen, zu welchen Anlässen und damit wann, wie und wie häufig ein Soziogramm angefertigt werden soll. In Abhängigkeit von der Fragestellung, z. B. nach den Erfordernissen und der Gestaltung der Bring-Situation, wird deutlich, dass ein der Situation entsprechendes Soziogramm anzufertigen ist. Eine Fragestellung, welche die Situation der Gesamtgruppe betrifft, macht erforderlich, möglichst mehrere Alltagssituationen der Gesamtgruppe als Datengrundlage zu erheben und zu analysieren.

Zu einer Analyse ist Fachwissen erforderlich. Hier bietet sich an, das bereits dargestellte Fachwissen zu Gruppen, zur Gruppendefinition und zu den Gruppenarten insbesondere aus den Kapiteln 1–4 einzubeziehen.

Bevor einzelne Personen, deren Positionen und Rollen in einer Gruppe betrachtet und analysiert werden, sollte eine Untersuchung der formellen und informellen Sub-Gruppen vorgenommen werden.

Für ein strukturiertes Vorgehen ist es hilfreich, wenn die Merkmale der formellen und der informellen Sub-Gruppen vorab herangezogen werden (vgl. S. 89).

11.1 Analyse der formellen Gruppenstruktur

Eine Datenstrukturierung leistet eine gute Vorarbeit zur Analyse einer Gruppenstruktur (ebd).

Sie verdeutlicht die Struktur der formellen Gruppen, die der Vorschulkinder, Mittelkinder und neuen Kinder. Die Geschlechterstruktur und deren Verteilung auf die formellen Gruppen wird dadurch bekannt. So ist erkennbar, wie viele Vorschulkinder in diesem Jahr in der Gruppe sind und damit, wie groß der Austausch der Kinder nach den Sommerferien sein wird. Die Situation der formellen Gruppe nach den Sommerferien ist in wesentlichen Anteilen dadurch bereits vorhersehbar und planbar:

Analyse ermöglicht Jahresplanung und Personaleinsatz

Wie viele Wickelkinder wird es geben? Wie muss die Eingewöhnung verlaufen? Wie viel Zeit ist dafür einzuplanen? Wie groß muss der Personaleinsatz sein? Werden sich besondere

Situationen ergeben, für die eine Fortbildung erforderlich ist?

Wie und wann können bzw. sollten die Vorbesprechungen mit den neuen Eltern beginnen? Gibt es Entlastungsmöglichkeiten? Können Geschwisterkinder bevorzugt der einen oder der anderen Gruppe zugeordnet werden?

Wann, wie und mit welchen Institutionen soll der Übergang der Vorschulkinder zur Grundschule vorbereitet und durchgeführt werden? Wer wird das übernehmen?

Elternarbeit

Wie sollen die Eltern einbezogen werden? Was ist bei der Planung zu beachten? Was kann entlasten? Wie ist die Situation der Vorschulkinder in der gesamten Kita? Können/sollten Vorschulkinder aus der gesamten Kita einbezogen werden? Sollte es (abhängig vom Konzept und der Größe einer Einrichtung sowie der Anzahl der Vorschulkinder je Gruppe) eine Zusammenfassung der Vorschulkinder zu einer gesonderten formalen Gruppe geben? Zur weiteren Analyse kann und sollte das Thema Gruppendynamik einbezogen werden. In welcher Gruppenphase befindet sich diese formelle Gruppe? Durchläuft sie gerade eine Regression? Wodurch wurde diese ausgelöst? Welche Bedarfe werden deutlich? (vgl. S. 25 ff., S. 33 ff.).

Konzeptionelle Überlegungen

11.2 Analyse der informellen Gruppenstruktur

Die Analyse der informellen Gruppen wird sich naturgemäß, da es sich um die freiwillig gewählten (Spiel-)Gemeinschaften handelt, mehr auf die Zusammensetzung dieser Spielgruppen beziehen.

Wer befindet sich mit wem in einer Sub-Gruppe oder Spielgemeinschaft, welche Interessen bzw. Inhalte werden dort gelebt, wie ist das Beziehungsverhalten untereinander? Welche Gruppennormen haben sich herausgebildet? Welche Konflikte entstehen und aus welchem Anlass?

Zusammensetzung der Spielgruppen

Interessant ist es, zu schauen, inwiefern die Zusammensetzung der informellen Gruppe mit der der formellen Gruppe übereinstimmt. Besteht eine informelle Gruppe aus Gleichaltrigen? Ist sie geschlechtshomogen?

Spielbedarfe und Entwicklungen erkennen

Auffälligkeiten können hier Anlass bieten, sich der Situation, der Position und dem Entwicklungsstand eines einzelnen Gruppenmitgliedes zuzuwenden. Ist ein Gruppenmitglied zu dominant? Gibt es Selbstwertprobleme? Oder gibt es Entwicklungsverzögerungen? Fühlt sich jemand nicht gleichwertig? Kann sich das Kind mitteilen? Wird es wahrgenommen und verstanden?

Sind Gruppennormen zu starr und zu dogmatisch? Verhalten sich Einzelne zu dominant? Gibt es noch eine demokratische Struktur? Bleibt Raum für Interessen von Minderheiten?

Gibt es ausreichend Freiraum in der Gruppe, um möglichst viele individuelle Interessen auszuprobieren?

Auffälligkeiten erkennen

Besteht eine Ausgewogenheit zwischen Gruppen- und Individualinteressen oder ist der Gruppendruck so groß, dass sich erhebliche Einschränkungen der Möglichkeiten ergeben? (Vgl. hierzu ab S. 63).

Zur weiteren Analyse kann und sollte das Thema Gruppendynamik einbezogen werden. In welcher Gruppenphase befindet sich diese informelle Gruppe? Durchläuft sie gerade eine Regression? Wodurch wurde diese ausgelöst? Welche Bedarfe werden deutlich? (Vgl. S. 31)

11.3 Analyse der Beziehungsstruktur

Die Situation der einzelnen Gruppenmitglieder, deren Stellung in der Gruppe, deren Spiel- und Kommunikationsverhaltens sowie ggf. deren Interessen und Neigungen können in die Analyse der (in-)formellen Gruppen einbezogen werden, denn die Situation einzelner Gruppenmitglieder hat Einfluss darauf, was in der (Gesamt-)Gruppe vorgeht.

Kontakt- und Beziehungssituation

Die Art und insbesondere die Anordnung der Symbole im Soziogramm ermöglichen eine Analyse der Kommunikationsstruktur zwischen einzelnen Gruppenmitgliedern. Die Kontaktstrukturen stellen sich anschaulich durch die Anordnung der Symbole dar. Diese erlauben eine Aussage zur Position Einzelner und der Beziehungsstruktur in der Gruppe.

Richten sich viele Pfeile einseitig auf eine Person, führt das zu einem anderen Rückschluss, als wenn sich viele zweiseitige

Pfeile auf eine Person richten bzw. von ihr ausgehen. Das eine könnte auf eine große Bewunderung in der Gruppe hindeuten, das andere auf einen sich gegenseitig anregenden Austausch.

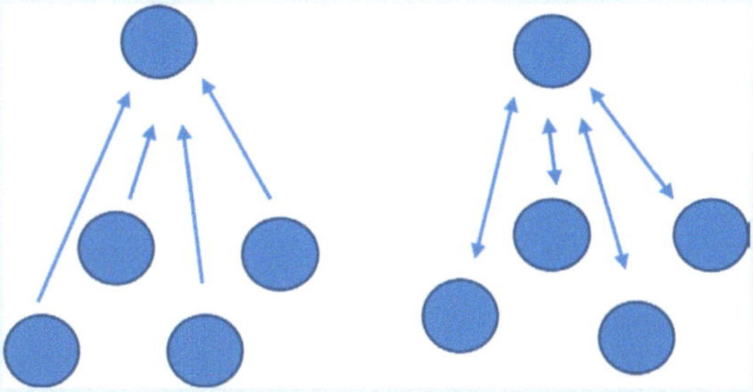

Abbildung 14
Beziehungsstruktur I

Weitere Beziehungsmuster und -strukturen werden durch folgende grafische Darstellung anschaulich:

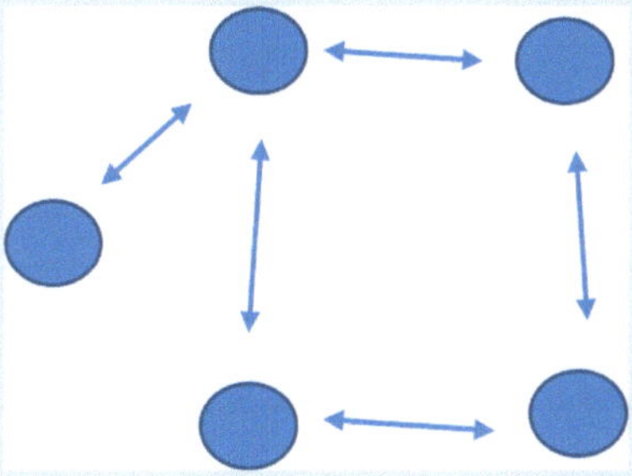

Abbildung 15
Beziehungsstruktur II

Bei dieser Anordnung handelt es sich um eine sogenannte Reihenanordnung. Die Kontakte bestehen nicht gleichermaßen untereinander, sondern nur von einem zum anderen, sie stellen eine Reihe dar.

Vermutlich ist die Kohäsion in dieser Gruppe recht schwach ausgeprägt. Der Kontakt besteht immer nur zu einer Person und ergibt sich dadurch zufällig auch zu weiteren.

Eine starke Gruppenkohäsion drückt sich durch eine hohe Anzahl von beidseitigen Pfeilen aus, die nahezu zwischen allen Person der Gruppe bestehen:

Abbildung 16
Beziehungsstruktur III

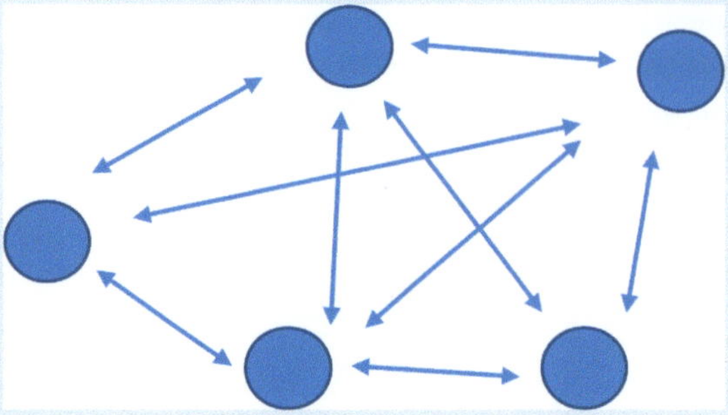

Eher unverbindliche und/oder zufällige Kontakte werden durch gestrichelte und unverbundene Linien dargestellt:

Abbildung 17
Beziehungsstruktur IV

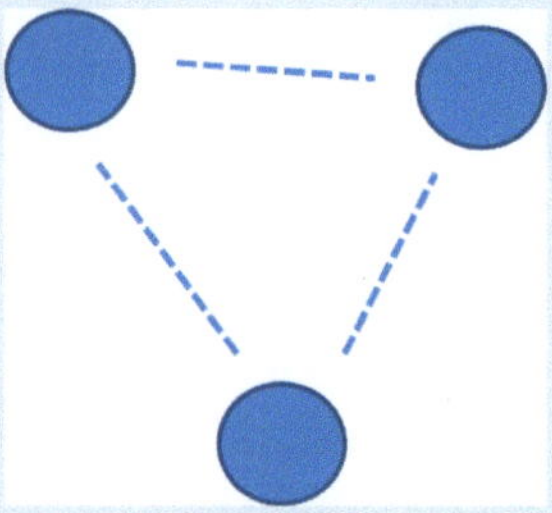

Gegenseitige Kontakte stellen sich beispielsweise durch dieses Symbol dar:

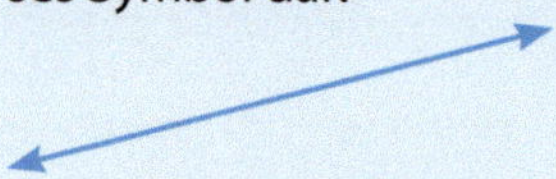

Ein sehr intensiver gegenseitiger Kontakt kann durch eine entsprechend dickere Linie dargestellt werden.

Wird dieses Symbol in Kombination mit dem Blitz verwendet, wird deutlich, dass es sich um eine ambivalente Beziehung, um eine sogenannte Hass-Liebe handelt.

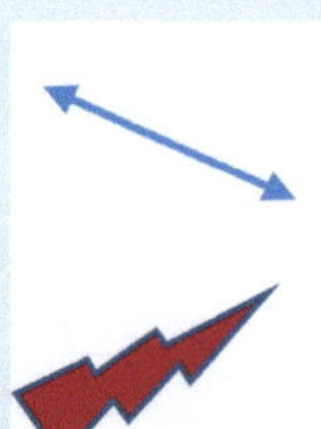

11.4 Analyse der exemplarischen Kita-Gruppe – Freispielsituation

Das abgebildete Soziogramm auf S. 93 bezieht sich auf die Gruppensituation, welche auf S. 88 bereits dargestellt wurde.

Es handelt sich um eine exemplarische Darstellung einer Gruppensituation, welche die realen Situationen in ihrer Komplexität nicht widerspiegeln kann. Auch ist die Soziogrammdarstellung reduziert; es fehlen bespielsweise Namens- und Altersangaben, die normalerweise zwingend zu jeden Soziogramm dazugehören.

Zur besseren Übersicht und Handhabbarkeit hier nun nochmals die Soziogrammdarstellung.

Wiederholung: Soziogrammdarstellung der exemplarischen Kita-Gruppe.

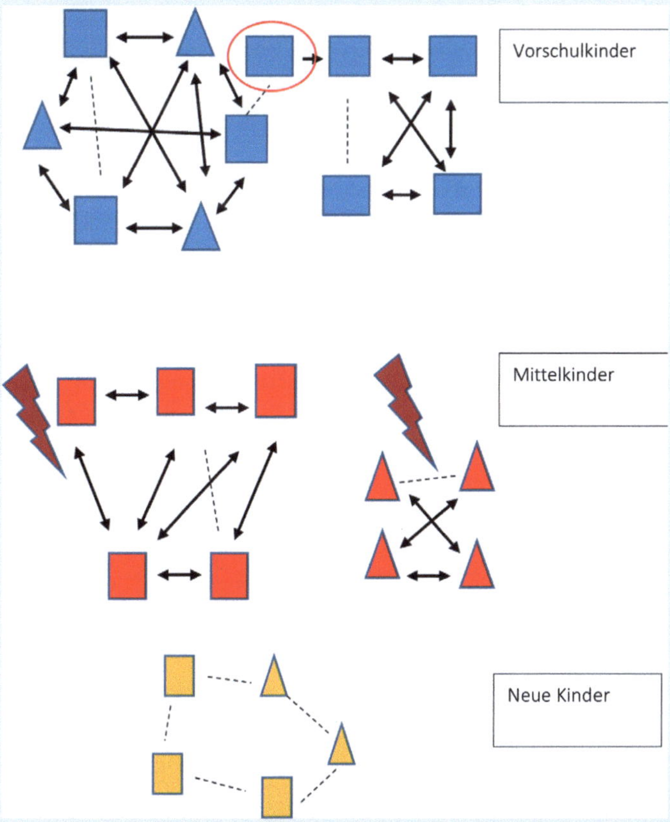

11.4.1 Analyse der formellen Gruppen in der exemplarischen Kita-Gruppe

Altershomogenität

Deutlich wird, dass die Kontakte und Spielbeziehungen ausschließlich innerhalb der jeweiligen formalen Gruppen bestehen. Es handelt sich also tendenziell um altershomogene Gruppen[7], eine Situation, die sicherlich so auch häufig in der Realität existiert.

Geschlechterzusammensetzung

Ein weiteres formelles Analysemerkmal ist das Geschlecht. Dabei wird die Zusammensetzung in den verschiedenen (Sub-)Gruppen nach Geschlecht vorgenommen. In der Beispielgruppe hat lediglich die größere Gruppe der Vorschulkinder eine heterogene Geschlechterstruktur. Die Gruppe der Mittelkinder besteht aus zwei geschlechtshomogenen Kleingruppen, die scheinbar in sich stabil und geschlossen sind.

Grad der Vernetzung

Ein weiteres Merkmal zur Gruppenanalyse sollte der Grad der Vernetzung der einzelnen Gruppenmitglieder sein. Deutlich wird, dass in allen Gruppen eine ausgeprägte Vernetzung besteht. Gekennzeichnet ist diese durch durchgehende, breite und gegenseitige Pfeile. Ledigliche einige wenige haben dünnere, weniger oder nur gestrichelte Beziehungsdarstellungen.

Entwicklungstheorien einbeziehen

In diesem Zusammenhang ist die formelle Gruppe der neuen Kinder, die i.d.R. aus den jüngsten Kindern einer Kita-Gruppe besteht, auffällig. Die Beziehungsdarstellungen innerhalb dieser Sub-Gruppe sind bei allen Kindern durch gestrichelte Linien dargestellt, was eine geringe Intensität der Beziehungen untereinander zum Ausdruck bringt. Dies ist dem Alter der Kinder dieser Gruppe geschuldet. Aufgrund des allgemeinen Entwicklungstandes, insbesondere des Spielverhaltens, sind die Kontakte noch weniger vernetzt. Begegnungen sind eher zufälliger Natur, spontan und häufig wechselnd, da sich die Kinder in dieser Altersgruppe noch im Parallelspiel befinden (vgl. Spielentwicklung nach Piaget in Oerter 2002 bzw. Schneider/Lindenberg 2012).

[7] Altersangaben fehlen hier wegen der exemplarischen Darstellung.

11.4.2 Analyse der informellen Gruppen in der exemplarischen Kita-Gruppe

Entwicklungsauffälligkeiten

Die Analyse informeller Gruppen wird hier aufgrund der exemplarischen Darstellung begrenzt bzw. hypothetisch ausfallen. In konkreten Gruppen liegen mehr und anschaulichere Informationen vor, die hier nur ansatzweise einbezogen werden können. So kann es z. B. für Altersheterogenität in Spielgemeinschaften viele Gründe geben. Solche Konstellationen können darauf hindeuten, dass sich ein Kind oder mehrere Kinder in der Gruppe der Gleichaltrigen nicht wohl fühlen. Bedingt sein kann dies sowohl durch einen Altersabstand von mehreren Monaten innerhalb eines Jahrgangs und/oder durch einen größeren Unterschied im Entwicklungsstand als auch durch unterschiedliche Interessen.

Besondere Aufmerksamkeit sollte auf eine Situation gelenkt werden, wenn zur Gruppe der Vorschulkinder ein oder mehrere Kinder der Mittelgruppe mit intensiven Spielkontakten hinzugefunden haben. Da die Vorschulkinder nach den Sommerferien die Einrichtung verlassen, werden diese Kontakte künftig wegbrechen. Um wegfallende Spielkontakte zu kompensieren, sollten Spielkontakte zu einer Gruppe jüngerer Kinder und das Entstehen neuer Spielgemeinschaften angeregt werden.

In die Beurteilung des beobachteten Verhaltens der Gruppenmitglieder sollte bei der Analyse der informellen Gruppen auch die Gruppenphase einbezogen werden. Aufgrund der gruppeninternen Dynamiken, die zu einer Auflösung und Neuformierung von Gruppen führen können, entstehen Situationen, die zu unerwartetem Verhalten und unerwarteteten Gruppenphasen führen können. Insbesonders größere Gruppen teilen sich häufig in Untergruppen oder es bilden sich gruppeninterne Strukturen, die eine andere Zusammensetzung oder eine Gruppenauflösung nach sich ziehen können.

Gruppendynamik beobachten

Bei den eher zufälligen Spielkontakten der jüngeren Kinder ist zu erwarten, dass sie sich zunehmend zu Spielgemeinschaften mit intensiveren Kontakten ausbilden. Dieser Prozess kann unterstützt werden, wenn durch Beobachtung einzelne Spielkontakte als besonders harmonisch und gegenseitig gewinnbringend erkannt wurden.

11.4.3 Analyse der Beziehungsstruktur in der exemplarischen Kita-Gruppe

Grundlegende Bedeutung sozialer Beziehungen

Die Beziehungsstrukturen innerhalb der exemplarischen Kita-Gruppe deuten insgesamt auf eine große Gruppenkohäsion hin, da überwiegend beidseitige Pfeile, sprich beidseitig favorisierte Kontakte bestehen. Nur wenige Gruppenmitglieder haben sporadische und zufällige Kontakte (gestrichelte Linie). Da dort möglicherweise der bedeutende soziale Raum zur co-konstruktiven Entwicklung fehlt, sollte diesen gezielt Aufmerksamkeit gewidmet werden. Dies trifft auch auf zwei weitere Kontakte innerhalb der Mädchengruppe in der Mittelgruppe zu. Deren Kontakte sind dahingehend problematisch, dass sie neben dem konflikthaften Kontakt nur einen weiteren Kontakt haben. Der eine bestehende Kontakt ist dabei ein gegenseitiger, was immerhin schon eine begünstigende Bedingung darstellt.

Auffälligkeiten

Besondere Beachtung sollte dem Kind aus der Vorschulgruppe gewidmet werden, das zwischen den beiden Spielgemeinschaften der Gruppen der Vorschulkinder steht. Es hat zu einem Kind einen losen und zu einem anderen Kind der anderen Gruppe einen einseitigen Kontakt (siehe Markierung mit dem roten Kreis). Offensichtlich bestehen hier nur wenige stabile Spielkontakte. Häufig handelt es sich dabei um Kinder, die die Einrichtung unregelmäßig besuchen und daher nur wenige Kontakte haben.

Möglicherweise liegt bei einem Kind in einer solchen Position aber auch eine Entwicklungsverzögerung vor oder es gibt persönliche Belastungsfaktoren, die einer höheren Teilnahme am Gruppengeschehen entgegenstehen, welche dann näher beobachtet und verfolgt werden sollten. Eine frühzeitig Intervention in Form einer therapeutischen Unterstützung kann helfen, Entwicklungsprozesse anzuregen.

Weitere Ermittlung erforderlich

Darstellungen und Analysen, die zu besonderer Aufmerksamkeit und/oder zu Besorgnis anregen, sollten genau geprüft werden und eine weitere Beobachtung nach sich ziehen. Zu beachten ist, dass ein Soziogramm immer nur eine Momentaufnahme darstellt und aus einer subjektiven Beobachtung und Bewertung hervorgeht. Zu beachten ist auch, dass es sich um irrtümliche Darstellungen und/oder falsche Interpretation des Verhaltens des beobachteten Kindes handeln kann. Vielfältige Beobachtungssituationen und der Austausch mit anderen Beobachtenden sollten zum pädagogischem Standard gehören. Eine weitergehende Analyse unter Einbeziehung der Gruppenrollen (vgl. S. 65 f.) ergänzt und vervollständigt die Gruppenanalyse.

11.5 Analyse der exemplarischen Kita-Gruppe – Bring-Situation

Die Bring-Situation, welche auf S. 91 f. reduziert und vereinfacht dargestellt ist, zeigt, dass die Ankunftszeiten der einzelnen Kinder in den verschiedenen Gruppen uneinheitlich sind. Für die jeweiligen Spielgemeinschaften bedeutet dies, dass deren Zusammensetzung bis zum Ende der Bringzeit unvollständig ist und sie sich daher noch nicht im Freispiel etablieren können.

Unterschiedliche Bringzeiten

Für diese Situation im Tagesablauf sind niederschwellige Spielangebote hilfreich, mit denen die Kinder die Wartezeit überbrücken können, indem sie sich Themen und/oder Spielen widmen, die in den Gruppen seltener gespielt werden und die sie abbrechen können, wenn die Spielgemeinschaft ihr Spiel aufnimmt. In Kapitel 14 zur Tagesstruktur in einer Kita gehe ich auf dieses Thema vertiefend ein.

Ankommen erleichtern

Kurz vor Ende der Bringzeit kommen häufig viele Kinder zur gleichen Zeit an, meist die, deren Eltern nicht beide berufstätig sind. Die Kinder berufstätiger Eltern werden üblicherweise früher gebracht. Naturgemäß sind diese früheren Bring-Situationen von einem höheren zeitlichen Druck geprägt als die späteren. Beide Situationen jedoch fordern die sozialpädagogische Fachkraft, die Kinder sollen alle in den Tagesablauf integriert und bei der Übergabe gut begleitet werden. Beide Situationen haben ihre spezifischen Herausforderungen. Besonders herausfordernd wird es kurz vor Ende der Bringzeit. Nun kommen mehrere Kinder gleichzeitig an, sodass die

Micro-Transitionen

jeweilige Übergabesituation häufig nicht für alle mit der gleichen notwenigen Aufmerksamkeit gestaltet werden kann.

Für die Eltern in der frühen Bring-Situation ist ein unproblematischer Verlauf wichtig. Eine aufmerksame Begrüßung und Überleitung in eine möglichst vertraute Raum- und Spielsituation erleichtern dies. Da zu diesem Zeitpunkt erst wenige Kinder anwesend sind, werden die früh ankommenden Kinder meist in einer Gruppe zusammengefasst, was aus personalwirtschaftlichen Gründen sinnvoll ist. Jedoch entspricht das nicht unbedingt der Bedürfnislage der Kinder, insbesondere wenn es sich um die jüngeren Kinder der Gruppe handelt.

Spielgemeinschaften bilden

Häufig ist eine weniger gelungene Integration einzelner Kinder mit der Bringzeit in Verbindung zu bringen. Ähnliche Bringzeiten begünstigen das Zusammenfinden von Kindern der gleichen Altersgruppe, die eine potenzielle Spielgemeinschaft darstellen könnten. Weniger kontaktfreudige Kinder, die erst spät ankommen, müssen Kontakt zu bereits etablierten Spielgruppen finden, was nicht begünstigend wirkt.

Diese Situation könnte auf das Kind zutreffen, welches bereits in der vorhergehenden Analyse mit einem roten Kreis gekennzeichnet und als Kind mit Handlungsbedarf herausgestellt wurde.

12 Analysen von Rollen im Soziogramm

Bei der Analyse eines Soziogramms werden neben der Analyse der (in-)formellen (Sub-)Gruppen, deren Gruppenform und deren gruppendynamische Verläufe (vgl. S. 26f.) auch die Rollen, deren gegenseitige Bedingtheit und Setting-Abhängigkeit in den Fokus genommen (vgl. S. 67).

Flexible Rollenanalyse

Dabei wird folgenden Fragen nachgegangen: Welche Person nimmt welche Rolle in welcher Situation, in welcher Konstellation und in welcher Gruppen ein? (vgl. S. 68).

Damit wird eine statische Rollenzuschreibung, welche das Festlegen einer Person auf eine oder wenige Rollen und damit zu einer Rollenfestlegung führen würde, vermieden. Eine

Rollenfestlegung kommt einer Stigmatisierung gleich (Goffman 1975), die eine Einschränkung der Entwicklungsmöglichkeiten der Kinder und Jugendlichen nach sich ziehen würde.

12.1 Rollensensibilität in der Rollenanalyse

Stereotype Wahrnehmungsmuster, die oft z. B. bei der Wahrnehmung der Geschlechtszugehörigkeit entstehen (die Mädchen sind kreativ und die Jungen in der Bauecke aktiv), schränken die Wahrnehmung über das Rollenverhalten einzelner Gruppenmitglieder ein (vgl. Anti-Bias-Ansatz, in: Mertol 2016).

Gender und Anti-Bias-Ansatz

Eine rollensensible Beobachtung, nicht nur in Bezug auf die Geschlechtszugehörigkeit, und eine entsprechende Kommunikation sind gegenüber dem Kind bzw. dem/der Jugendlichen, gegenüber anderen Gruppenmitgliedern wie auch gegenüber Eltern und Kolleg:innen erforderlich, um die Verhaltensmöglichkeiten innerhalb der Rollensegmente eines Individuums möglichst groß zu halten. Die potenziellen Rollen, die eine Person einnehmen kann, sind so möglichst breit gefächert und bieten damit einer Persönlichkeits- und Selbstbildung ein breites Spektrum, wie es im KJHG als grundsätzliche Ausrichtung des pädagogischen Handelns festgeschrieben ist (vgl. KJHG 2022; § 9, Anton/Stützel-Hebel 2017).

Rollensensibilität

In der Soziogrammanalyse sollten daher möglichst viele individuelle Bedarfe, Verhaltensweisen und Rollensettings gesucht und einbezogen werden (vgl. S. 96). Erst auf der Grundlage einer breit angelegten Beobachtung sowie der Einbeziehung verschiedener Situationen und Tagesabschnitte wird eine komplexe Wahrnehmung einer Person möglich. So entstehen mehrere Soziogramme, die die Grundlage einer Analyse bilden und so vielfältige Eigenschaften eines Individuums erkennbar machen. Da sich Rollen innerhalb von Gruppen dynamisch und gegenseitig ergänzend ergeben, zeigen sich die Eigenschaften einer Person situationsspezifisch (vgl. S. 66; Anton/Stützel-Hebel 2017).

Stellt sich dennoch eine anhaltend schwierige Position einzelner Gruppenmitglieder heraus oder wird eine Sonderstellung oder gar Außenseiterstellung einer Person deutlich, besteht Handlungsbedarf. Wenn sich Sonderpositionen etabliert haben, wird es schwer, diese wieder aufzubrechen. Meist ergeben sich solche Rollen bereits in der Orientierungsphase, wenn eine größere Unsicherheit bei einzelnen Gruppenmitgliedern besteht und eine größere Unterstützung gebraucht wird oder wenn sich in der Rollenfindungs-/Machtkampfphase bestimmte ungünstige Strukturen ausbilden konnten.

Unterstützung bei Integration

12.2 Bewertung von Konflikten bei der Rollenanalyse

Ergeben sich häufige Konflikte in Gruppen, ist davon auszugehen, dass die Rollenverteilung wenig statisch ist. Das ist zwar eine anstrengende Alltagssituation, aber auch ein sicheres Zeichen dafür, dass die Rollenverteilung einer Dynamik unterliegt und sich noch keine festen Positionierungen eingespielt haben. Wahrscheinlich haben sich demokratische und um Ausgleich bestrebte Kräfte noch nicht etabliert und es gibt Auseinandersetzungen darüber, wer sich mit seiner Persönlichkeit, seinen Bedürfnissen und Entscheidungen durchsetzen wird. Ein angemessenes Leitungsverhalten und gutes Konfliktmanagement (vgl. S. 121) können helfen, den Interessenausgleich, die dynamische Rollenzuschreibung und Rollenannahme reflektierend, modifizierend und stabilisierend zu gestalten.

Bedeutung von Konflikten

Gruppendynamiken, die sich in ihrer Rollenverteilung eingespielt haben, verlaufen möglicherweise konfliktfreier und entsprechen eher dem Ideal einer anzustrebenden Gruppensituation, die von Harmonie und Solidarität geprägt ist. Sie ist tatsächlich damit aber nicht unbedingt positiver (vgl. König 2020). Wenn sich Positionen herausgebildet haben und Rollen gefestigt sind, gibt es ein Arrangement und damit Zufriedenheit, aber nur noch wenig Gestaltungsmöglichkeiten. Hat sich beispielsweise etabliert, dass die Entscheidungskompetenz immer bei einer Person liegt und diese Führungsrolle bei allen Akzeptanz findet oder gar zur Bewunderung des „Entscheiders" führt, zeichnen sich für die Individualentwicklung problematische Gruppensituationen ab, da sich in

Wenig Entwicklung bei etablierter Gruppendynamik

dieser Situation die Dynamik und damit das notwendige Potenzial zum Ausprobieren verschiedener Rollen reduziert hat.

12.3 Analyse der Funktionsrollen

Häufig werden in Gruppen auch die sogenannten Funktionsrollen zur Analyse herangezogen. Diese teilen sich in dysfunktionale und funktionale Rollen. Die funktionalen Rollen teilen sich wiederum auf in sogenannte Erhaltungsrollen, die die Gruppensituation erhalten und stabilisieren, und die Funktionsrollen, welche sich auf die Funktion, die anhand der Ziele und Aufgaben einer Gruppe definiert sind, beziehen. Dysfunktionale Rollen werden bei Personen gesehen, welche diese Zielverfolgung stören oder gar verhindern (Antons 2019).

Hierbei handelt es sich um eine Reduzierung der Gruppenbetrachtung auf deren Funktionalität und Zielerreichung. In Arbeitsprozessen ist dies häufiger vorzufinden und möglicherweise als legitim anzusehen (vgl. S. 60 f.). In pädagogischen Kontexten sollte auf eine solche Reduzierung verzichtet werden. Hier hat jedes Verhalten eine Funktion – zeigt es ein Problem auf, besteht Handlungsbedarf (vgl. Gutknecht 2022).

Gruppe vs. Team

Jedes Verhalten hat einen Grund, jedes Verhalten hat eine Funktion.

Teil D: Rahmenbedingungen und Gestaltungsmöglichkeiten

Gestaltungs- und Handlungsmöglichkeiten, bezogen auf die konkreten Gruppenphasen, sind jeweils in den methodischen Hinweisen bei den einzelnen Gruppenphasen (vgl. S. 29 f.) genannt. Sie sind geeignet, die Gruppenphasen zu begleiten und den Verlauf der Gruppenphasen zu begünstigen.

Weitergehende Bedingungen und Möglichkeiten, welche Einfluss auf die Gruppendynamik haben, sind die Rahmenbedingungen. Auf der einen Seite stehen die personellen Rahmenbedingungen. Sie beinhalten die Art, den Stil und die Qualität der Gruppenleitung und deren Kompetenz bei der Gruppenbeobachtung und -analyse, die zu einer entsprechend qualifizierten und engagierten Begleitung der Gruppe führen.

Personelle Rahmenbedingungen

Auf der anderen Seite stehen die strukturellen Rahmenbedingungen, wie z. B. die konzeptionelle Ausrichtung und der damit in Verbindung stehende Tagesablauf, aus welchem sich weitere Strukturen ergeben. Dazu zählen die mehr oder weniger frei zur Verfügung stehenden zeitlichen Ressourcen, in deren Abhängigkeit gruppendynamische Prozesse ermöglicht oder eingeschränkt werden, und das Menschenbild, die Weltanschauung sowie der damit verbundene Umgang mit Konflikten.

Strukturelle Rahmenbedingungen

Konzeptionelle Rahmenbedingungen

Diese verschiedenen Aspekte der Rahmenbedingungen werden im Folgenden dargestellt und auf gruppendynamische Prozesse bezogen.

13 Gruppenleitung

Bisher wurde deutlich, dass die Rahmenbedingungen, die Art der Institution, die Art und Größe einer Gruppe, das Alter, der Entwicklungsstand und die Zusammensetzung der Gruppe Auswirkung auf das Geschehen und auf die Gruppendynamik haben.

Leiten (be-)wirkt

In Abhängigkeit zu diesen vielfältigen Merkmalen sowie unterschiedlichen Bedarfen und Notwendigkeiten entstehen unterschiedliche Anforderungen an die pädagogische Begleitung und deren Interventionen. Damit deutet sich bereits an, dass auch die Haltung des Personals und die Art seines pädagogischen Handelns relevant sind. Wie agiert die (Gruppen-)Leitung? Welchen Leitungsstil praktiziert sie?

Grenzen der Einflussnahme

Hier sprechen wir von den personalen Rahmenbedingungen, von den Personalressourcen. Sehr weit gefasst gehören sowohl die personale Ausstattung, die Qualifizierung des Personals, die Zusammensetzung des Teams, die Art und die Anforderung des Trägers als auch gesetzliche Vorgaben dazu. Leicht vorstellbar ist, dass enge gesetzliche Vorgaben oder konkrete Erwartungen des Trägers bzw. Arbeitgebers Auswirkungen auf das alltägliche pädagogische Verhalten haben. Wenn beispielsweise ein konkretes Verhalten vorgeschrieben ist, wird dieses gezeigt werden müssen, ein potenziell anderes Verhalten wird dadurch ausgeschlossen. Möglichkeiten zum Experimentieren, Ausprobieren und zu eigenständigem Verhalten können nicht entstehen.

In anderen, offeneren Rahmenbedingungen entsteht voraussichtlich mehr Kreativität. Konzeptionelle Rahmenbedingungen, die weniger als Vorgaben denn als gemeinsam entwickelte Standards zu betrachten sind, geben dem Verhaltensrepertoire einen Rahmen und stellen zumindest annähernd einen Standard in der Einrichtung her. Auch hierdurch wird bestimmtes erwünschtes pädagogisches Verhalten gefördert und weniger gewünschtes vermindert, jedoch bleibt die Möglichkeit für Entwicklung, Veränderung und Eigenverantwortung erhalten.

So gibt es verschiedene konzeptionelle Ausrichtungen, denen jeweils ein anderes Menschenbild, ein Bild vom Kind, zugrunde liegt. Diese reichen von einer beschützenden und bewahrenden bis hin zu einer kompetenzorientierten Grundausrichtung. Reggio- und Montessori-Konzepte – um nur diese beiden exemplarisch zu nennen – haben tendenziell jeweils eine andere Ausrichtung. Alle Konzepte hier einzubeziehen, würde den Rahmen sprengen, wegen der grundlegenden Bedeutung werden sie dennoch kurz genannt.

Bewahren – Kompetenzorientierung

Letztendlich liegt diesen Konzepten neben dem Menschenbild ein Leitungsstil bzw. pädagogischer Stil zugrunde, der auf die grundlegenden Forschungen Kurt Lewins (Lück 2001) zurückgeht.

13.1 Führungsstile nach Kurt Lewin

Der Sozialpsychologe Kurt Lewin führte Mitte des 20. Jahrhunderts experimentelle Forschungen zu Leitungs- und Führungsstilen durch. Auch durch diese Ergebnisse erlangte er einen großen Bekanntheitsgrad. Die von ihm herausgearbeiteten und benannten drei Erziehungsstile – autoritärer, antiautoritärer und demokratischer Stil – sind pädagogisch tätigen Menschen weitgehend bekannt. Zum Teil sind sie auch unter anderen Bezeichnungen wie Laissez-faire-Stil oder emanzipatorischer Stil bekannt.

Lewin untersuchte zunächst das Verhalten von Vorgesetzten und dessen Auswirkung auf das Verhalten der Arbeitnehmer:innen. Der Fokus lag dabei auf dem Verhalten und auf der Produktivität der Mitarbeitenden. Auf den pädagogischen Kontext wurden die Ergebnisse erst später übertragen. Die Auswirkung und Bedeutung der unterschiedlichen Führungs- bzw. Erziehungsstile werden im Folgenden bezogen auf die gruppendynamischen Phasen dargestellt.

Historische soziale Experimente

Zuvor sollen hier kurz die aus der nachfolgenden Forschung zu Lewins Erziehungsstilen herausgebildeten weiteren Stile genannt werden. Zu den bereits vorhandenen stellen die weiteren Erziehungsstile (vgl. Elder 1962) eine Ergänzung und weitere Differenzierung dar, die als Zwischenstufen gebildet wurden:

Erziehungsstile

1. der autokratische Erziehungsstil,
2. der autoritäre Erziehungsstil,
3. der demokratische Erziehungsstil,

4. der egalitäre Erziehungsstil,
5. der permissive Erziehungsstil,
6. der Laissez-faire Erziehungsstil,
7. der negierende Erziehungsstil.

Die Hervorhebungen kennzeichnen die ursprünglichen, von Lewin ermittelten Erziehungsstile.

13.1.1 Autoritärer Führungs- bzw. Erziehungsstil in den Gruppenphasen

Wirkung des autoritären Stils auf Gruppendynamik

Dieser älteste und nicht zeitgemäße Erziehungsstil ist geprägt von einem klaren Machtgefälle. Es gibt Weisungsbefugte, die den Überblick über die Situation haben (müssen), den Verlauf und die Richtung sowie das Ziel bestimmen und zur Erreichung dieser Ziele Anweisungen an Personen geben, die als Erfüllungsgehilf:innen betrachtet werden können.

Dieses Setting setzt voraus, dass die Leitungsperson das Wissen und die Kompetenz hat, einzuschätzen, wie und womit das Ziel erreicht wird. Zudem muss sie über Weitsicht, wenn nicht gar Voraussicht verfügen, um die auf das Ziel Einfluss habenden Ergebnisse und Ereignisse vorhersehen zu können. Eine allwissende Person, die in heutigen Arbeits- und Produktionsprozessen nur noch bedingt vorstellbar erscheint. In zurückliegenden Epochen, wie in der Frühindustrialisierung, war dieser Typus üblich, aus der Perspektive der damaligen Produktivitätsanforderungen notwendig und zum Staats- und Menschenbild der Monarchie passend.

Das zu dieser Führungs- bzw. Erziehungsperson gehörige Pendant kann als Untergebene:r gesehen werden. Eine unwissende nicht vorausschauende, die Umstände, Kontexte und Notwendigkeiten nicht kennende Person. Diesem Leitbild folgend, würde eine autoritär handelnde pädagogische Fachkraft in den verschiedenen Gruppenphasen wenig auf die Bedarfe der Gruppenmitglieder ausgerichtetes Handeln zeigen.

Allerdings gibt es Gruppenphasen und Situationen, die mit einem höheren Bedarf an Sicherheit und Orientierung einhergehen und somit eher durch ein autoritäres Handeln hergestellt werden können. Klare Anweisungen können tatsächlich eine zumindest temporäre Sicherheit vermitteln (z.B. eine Sitzplatzvorgabe in der Orientierungsphase, vgl. S.45).

Auseinandersetzungen während der Rollenfindungsphase würden bei einem autoritären Leitungsstil unterbunden, was dem Zwecke der Produktivität einer Gruppe möglicherweise dienlich wäre, aber wohl nur kurzfristig gelingen würde. Aggressionen und Konflikte, die in dieser Phase normalerweise zu Auseinandersetzungen führen, ausgetragen werden und zur Rollenklärung beitragen, wandeln sich in unterschwellige und verborgene Konflikte und Aggressionen, die sich an anderer Stelle bemerkbar machen. Maximal würde sich eine Opposition gegenüber der Leitung bilden und ggf., bei anhaltendem Widerstand, zum Sturz der Leitung führen.

Menschen, die eine starke Orientierung brauchen, suchen eher die Solidarität mit der Leitung und vermeiden Kontakt zu Oppositionellen oder versuchen, diese stellvertretend für sich handeln zu lassen. Ausdruck von Unzufriedenheit dieser Personengruppe wäre eher der versteckte und heimliche Protest und Spott.

In der Wir- und Differenzierungsphase, wenn sich konkurrierende Sub-Gruppen bilden, können starke Wir-Gefühle entstehen, da die Notwendigkeit zur inneren Solidarisierung und zur Abgrenzung gegen außen besteht. Die Sub-Gruppen konkurrieren möglicherweise auch um die Gunst der Leitung. Ansonsten ist bei autoritär angeleiteten Gruppen eher mit einem schwach ausgeprägten Wir-Gefühl zu rechnen, da das Verhalten darauf ausgerichtet ist, erwartete und befürchtete Reaktionen der Leitung zu vermeiden, wenn diese nicht bekämpft werden kann.

Die Abschiedsphase wäre dann ein möglicherweise herbeigesehntes Ereignis, welches weniger von Abschiedsschmerz gekennzeichnet ist. Eine Übergangsbegleitung und Vorbereitung auf die neue Lebenssituation, die von der Leitung initiiert werden müsste, ist kaum vorstellbar und würde nur bedingt von den Gruppenmitgliedern angenommen werden.

Schwierig wird es, wenn der/die Vorgesetzte nicht so kompetent ist, unvorhergesehene Ereignisse eintreten, oder wenn die scheinbar zur Selbstbestimmung unfähigen Untergebenen nicht so hilflos und willig sind und in den Protest gehen. Die Geschichte lehrt uns, dass sich diese Machtposition nicht auf Dauer, nicht ohne Protest, nicht ohne Aufstände der Gesellschaft durchsetzen lässt.

So ist auch eine Übertragung auf sozialpädagogische Kontexte möglich. Welche Pädagog:innen kennen alle Bedingungen, die Ziele, die Kompetenzen und Lebenswege aller Kinder und Jugendlichen, dass sie eine derart bestimmende Haltung einnehmen könnten? Ein so geprägtes Erziehungsverhalten wird als „Schwarze Pädagogik" bezeichnet (vgl. Rutschky 1977), welche das Gegenteil zur weißen Pädagogik darstellt, womit hier eine gute, sinnvolle Pädagogik gemeint ist.

13.1.2 Laissez-faire-Führungs- bzw. -Erziehungsstil in den Gruppenphasen

Wirkung des Laissez-faire Stils auf Gruppendynamik

Dieser Führungsstil ist geprägt von der Interessenlosigkeit der Leitungsperson. Sie hat zwar die Funktion und Aufgabe, zu leiten, wird dieser aber nicht gerecht und handelt nicht entsprechend. Die Verantwortung für den Verlauf wird den Gruppenmitgliedern überlassen. Es werden keine Regeln aufgestellt und es wird nicht darauf geachtet, bestehende einzuhalten. Diese Führungs- und Regellosigkeit führt zu einem Zustand, der von Durkheim als Anomie bezeichnet wurde (vgl. Durkheim 1973) und zur Auflösung der sozialen Strukturen und schließlich in Durkheims Kontext zu erhöhter Suizidalität und Kriminalität führt.

Im gruppendynamischen Prozess würde sich eine analoge Situation ergeben. In der Orientierungsphase gäbe es keine Begleitung und Unterstützung, manche Gruppenmitglieder kämen mit dieser Situation zurecht und setzten sich ggf. sogar als (Ersatz-)Führungsperson durch (Rollenfindungs-Machtkampfphase). Andere wären schon in der Orientierungsphase überfordert, würden die Gruppe verlassen oder in die innere Emigration gehen. In solchen Gruppen bilden sich zunächst anarchische Strukturen heraus, die sich dann jedoch meist wandeln und denen der autoritären Strukturen auf der Ebene der Gruppenmitglieder oder zwischen den verschiedenen Sub-Gruppen ähneln. Überforderte

Gruppenmitglieder ordnen sich den sich durchsetzenden Personen unter.

Innerhalb von Sub-Gruppen bildet sich möglicherweise sogar ein starkes Wir-Gefühl, da auch hier wie beim autoritären Stil die Notwendigkeit zur inneren Solidarisierung und Abgrenzung gegen außen entsteht. Der Bedarf nach Zugehörigkeit und Orientierung kann nur in den Sub-Gruppen gefunden werden. Je nachdem, wie hoch der Grad und die Fähigkeit zur Selbstorganisation sind, entwickeln sich hier mehr oder weniger stabile demokratische Umgangsformen.

In diesem Fall würde sich eine Produktivität und Kreativität, wie sie in der Differenzierungsphase üblich ist, entwickeln können. Ansonsten wird sich diese kaum ergeben, da Kraft und Ressourcen für die Aufrechterhaltung der selbst geschaffenen Strukturen verbraucht werden oder im Zustand großer Anomie und Anarchie die Individualbedürfnisse im Vordergrund stehen.

Abschiedsphasen sind auch hier eher von Erleichterung gekennzeichnet. Gibt es eine gelungene Selbstorganisation, entsteht eine berechtigte Romantisierung dieser Gruppen, da sich diese als Sub-Gruppe mit einer starken Abgrenzung nach außen bilden und selbst organisieren muss und so gesehen, im Sinne einer Selbstwirksamkeitserfahrung, erfolgreich ist.

Nicht übersehen werden darf, dass in diesem Erziehungs- und Gruppenmilieu die Bedingungen für mobbendes Verhalten besonders gegeben sind.

13.1.3 Partnerschaftliche Führungs- bzw. Erziehungsstile in den Gruppenphasen

Wirkung des partnerschaftlichen Stils auf die Gruppendynamik

Der partnerschaftliche, emanzipatorische Erziehungsstil wird als moderner, zeitgemäßer Erziehungsstil gesehen (vgl. Tschöpe-Scheffler 2011). Erkenntnisse der aktuellen Forschung haben die Bedeutung der Selbstwirksamkeit (Bandura 1994), teils basierend auf älteren grundlegenden Erkenntnissen wie der Selbststeuerung (Seligman 2016), deutlich gemacht, die nur hier entwickelt und erlebt werden können.

Der emanzipatorische Erziehungsstil könnte daher auch als partizipativer Erziehungsstil bezeichnet werden, da nur hier die zum pädagogischen Standard gehörende und gesetzlich vorgeschriebene Partizipation möglich ist.

Die Leitung gibt bei diesem Erziehungsstil die Verantwortung nicht ab, sie bleibt verantwortlich für den Prozess, ist aber nicht die bestimmende bzw. nicht die alleinbestimmende Instanz. Sie hat eine höhere Kompetenz und ein weitreichenderes Wissen und ist ggf. weisungsgebunden gegenüber Träger und Arbeitgeber, zudem muss sie rechtliche Vorgaben einhalten. Es gilt, um Partizipation zu ermöglichen, diese Notwendigkeiten altersgemäß transparent zu machen und innerhalb der bestehenden Grenzen Wahlmöglichkeiten zu entwickeln und zu ermöglichen. Bei den so entstehenden Beteiligungsverfahren sind jeweils altersgemäße und den Kompetenzen entsprechende Methoden anzuwenden und ggf. zu entwickeln. Alle anderen Angelegenheiten des Alltags können und sollten mit möglichst großer Teilhabe der Kinder und Jugendlichen gestaltet werden.

Durch die Gruppenphasen sind teils klare Anforderungen an die Leitung gestellt. Zum Beispiel die Gestaltung der Eingewöhnung, der Übergänge, der Sitzplatzvergabe für neue Schulklassen etc. in der Orientierungsphase (vgl. S. 26).

In der Machtkampf- und Rollenfindungsphase sollten Regeln gemeinsam entwickelt werden und die Kinder und Jugendlichen in Konflikten begleitet werden (vgl. S. 26 f.). Das Selbstverständnis einer emanzipatorisch tätigen pädagogischen Fachkraft liegt im Beobachten und Wahrnehmen der Bedürfnisse, der Moderation, im Finden eines passenden Leitungsverhaltens und der angemessenen Unterstützung von Prozessen.

Die Wir- und Differenzierungsphase wird so mit allen dazugehörigen Konflikten, aber auch mit vielfältigen Lernprozessen und co-konstruktiven Ereignissen durchlaufen. Die Gruppenleitung wird das Ausbalancieren von Individual- mit Gemeinschaftsinteressen sowie das Spiegeln und Bewusstmachen der jeweiligen Emotionen und Bedürfnisse vorrangig als ihre Aufgabe sehen.

In der Abschiedsphase liegt die Hauptaufgabe der Leitung darin, die Übergänge zu gestalten und zu begleiten und darin, den Abschied angemessen vorzubereiten und zu bearbeiten, ohne ihre eigenen Emotionen in den Vordergrund zu tragen.

13.2 Partizipation

Der emanzipatorische Erziehungsstil erfordert einen hohen Anteil an Partizipation. Partizipative Anteile (Hart 1997) finden in sozialpädagogischen Kontexten zwischenzeitlich einen flächendeckenden, auch rechtlich verankerten Anteil in der Arbeit. Die Umsetzung der partizipativen Anteile im Alltag wird zunehmend ernstgenommen und ausgeübt.

Wenn sich Probleme in der Gruppendynamik ergeben, kann Partizipation verstärkt eingesetzt werden, um die Situation kooperativ zu analysieren und nach Lösungen zu suchen. Je nach Alter, Entwicklung und auch in Abhängigkeit von der Problemlage ist die Partizipation abzustimmen. Gelingt es nicht, die Situation zu befrieden, kippt das Erziehungsverhalten in eine der beiden anderen Erziehungsstile: bei einer Überforderung der Kinder und Jugendlichen ins Laissez-faire-Erziehungsmilieu, bei einer Unterforderung, wenn zu wenig Gestaltungs- und Freiräume ermöglicht werden, in ein autoritäres Erziehungsverhalten. Anhand der nachfolgenden Stufendarstellung wird deutlich, wie unterschiedliche Beteiligungsmöglichkeiten bewertbar und kategorisierbar sind:

Abbildung 18
Eigene Darstellung in Anlehnung an BZgA Leitbegriffe, in: Wright et al. 2010

Stufen der Partizipation bzw. fehlende Partizipation

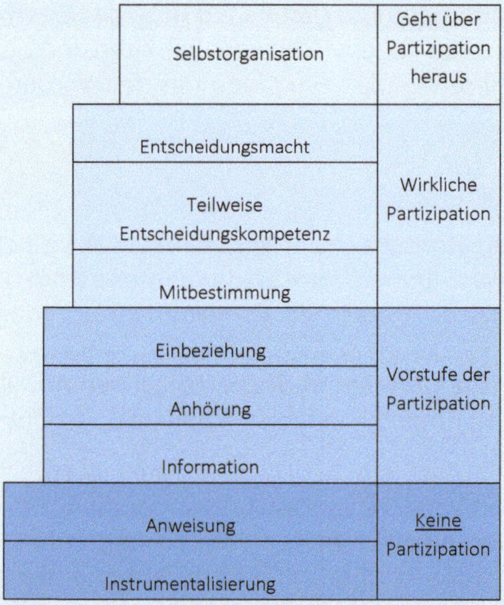

Die pädagogische Fachkraft wird sich in Abwägung der verschiedenen Notwendigkeiten und Möglichkeiten an einem solchen Modell orientieren und versuchen, die größtmögliche Mit- und Selbstbestimmung einzuräumen, ohne zu überfordern.

Bildungsverständnis braucht partnerschaftlichen Erziehungsstil

Aus dem geltenden Bildungsverständnis (vgl. Bildungsvereinbarung der Länder, hier: Bildungsgrundsätze NRW 2014 und Schäfer et al. 2011), den modernen Lerntheorien, dem konstruktivistischen Verständnis sowie auch aus den Anforderungen einer demokratischen Gesellschaft leitet sich dieses pädagogische Selbstverständnis ab.

In der humanistischen, psychologischen Theorie wurde bereits 1975 ermittelt und nachgewiesen, dass erlernte Hilflosigkeit, also ein erworbenes Ohnmachtsgefühl, als ein Baustein im Entstehungszusammenhang von Depressionen zu sehen ist (Seligman 2016). Diese Erkenntnisse sind derzeit wieder aktuell und stellen einen Begründungszusammenhang für die elementare Bedeutung von partizipativen Konzepten in sozialpädagogischen Einrichtungen dar.

13.3 Systemische Gruppenleitung

Die Kategorisierung und Reduzierung auf drei Erziehungsstile kann der Komplexität der Realität kaum gerecht werden. Pädagogischer Alltag und pädagogisches Handeln sind selten so zu praktizieren, dass sie sich eindeutig zuordnen lassen und daraus einfache und allgemeingültige Verhaltensempfehlungen abgeleitet werden können. Pädagogische Alltagssituationen sind nicht theoriekonform und sortenrein. Situative Analysen sind erforderlich, für die je nach Bedarf und pädagogischer Notwendigkeit mit der nötigen Flexibilität reagiert werden muss. Werden Erziehungsstile kontinuierlich und ausschließlich in Reinform praktiziert, können sie nicht bedarfs- und situationsgerecht sein.

Situativ angemessenes Leitungshandeln

Getreu der systemischen Betrachtungsweise, die von sich gegenseitig bedingenden Faktoren ausgeht, ist die zur jeweiligen Situation passende Reaktion zu finden. Pädagogische Fachkräfte und Leitungen stehen vor der Aufgabe, in sich häufig verändernden Situationen, verbunden mit verschiedenen Notwendigkeiten, angemessen zu handeln, dies fachlich zu begründen und reflektieren zu können. Und das alles im laufenden „Betrieb".

Komplexe Situationen – komplexe Analyse

Die große Herausforderung der sich wechselnden Situationen kann anhand der Vier-Elemente-Lehre der in „Einfach systemisch" (vgl. Renolder 2012, S. 86) entwickelten bildlichen Darstellung leichter bewältigt werden. Durch die eingängige und damit einfach in den pädagogischen Alltag integrierbare Symbolik kann ein zu den oben genannten Bedingungen passendes, verständliches und zur Selbstreflektion anregendes Bild gefunden werden (vgl. Hendrich 2002). Die Symbole stellen vier Kategorien dar, die durch die vier Elemente Wasser, Feuer, Erde und Luft symbolisiert werden.

Abbildung 19
Vier Elemente.
Eigene Darstellung nach:
Hendrich 2002

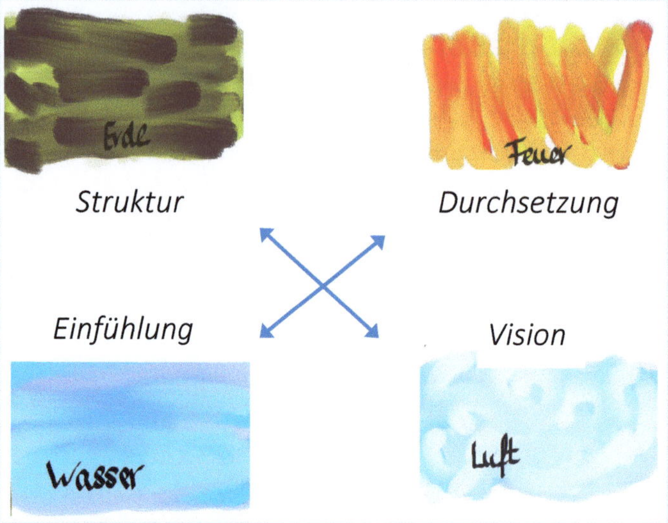

„Feuer ist das Gegenelement, das Komplementär zu Wasser; es steht für Durchsetzungskraft, Zielorientierung, Begeisterung, Inspiration, Erfolgswille, Kampf, Bereitschaft zur Zielerreichung, Einsatz, neue Ideen, mit Engagement zum Sieg zu verhelfen, Wettbewerbsehrgeiz.

Wasser ist das Gegenelement, das Komplementär zu Feuer; es steht für das Erspüren von Chancen, Empfindsamkeit für die zwischenmenschlichen Aspekte der Teamarbeit, Kontakte und Kommunikation, emotionale Sensitivität, soziale Kompetenz, Hilfsbereitschaft und Unterstützung, Verbundenheit.

Erde ist das Gegenelement, das Komplementär zu Luft; es steht für strategisches Vorgehen, Disziplin, Termin- und Vereinbarkeitstreue, Einhalten wirtschaftlicher Regulative und Erfordernisse, ständige Erfolgskontrolle, Umsetzungskonsequenz, Beachten von Sicherheit.

Luft ist das Gegenelement zu Erde; es steht für eigenständiges, unkonventionelles Denken, die Bereitschaft zum Ausbrechen aus Mustern, Rastern, Schienen, für Fantasie und Kreativität, Akzeptanz unterschiedlicher Sichtweisen, Humor und Spaß an der Arbeit miteinander, Abwechslung" (Renolder 2012, S. 86).

Die Komplementärelemente können entsprechend der Symbolik als sich gegenseitig ausschließende Aspekte betrachtet werden; Wasser löscht Feuer, Feuer lässt Wasser verdunsten, Luft (Wind) verweht Erde und Erde verhärtet ohne Belüftung. Gleichzeitig wird davon ausgegangen, dass eine gute Führungskraft alle Elemente im Blick hat und in den Situationen anwenden kann, die dies erfordern.

13.4 Fazit

Diese Darstellung ist wirtschaftlichen Kontexten entlehnt und kann mit wenigen Abwandlungen auf den pädagogischen Bereich übertragen werden. Kernpunkt ist, dass es in Abhängigkeit von der jeweiligen Situation unterschiedliche Handlungsbedarfe gibt und alle vier Handlungselemente in komplexen Situationen benötigt werden, um angemessen agieren zu können.

Auf die Gruppenphasen bezogen kann veranschaulicht werden, dass in der Orientierungsphase eher eine stark anleitende und dadurch Sicherheit gebende pädagogische Leitung gebraucht wird. Wohingegen in der Differenzierungsphase, in der Phase der intensivsten Kooperation, ein zurückhaltendes Laissez-faire-Erziehungsverhalten angebracht ist. In der Rollenfindungs- und Machtkampfphase braucht es ein pädagogisches Verhalten, das grenzsetzend, aber im Wesentlichen konfliktbegleitend und verhaltensreflektierend ist.

Angemessenes Leitungsverhalten ist situationsabhängig

Eine pädagogische Haltung, die durchgängig von nur einem Erziehungsstil geprägt ist, kann nur defizitär sein.

14 Tagesstruktur

Angemessene Zeitfenster für Gruppendynamik

Die Tagesstruktur einer Kita, die sich entsprechend auf andere sozialpädagogische Einrichtungen übertragen lässt, hat starken Einfluss auf das Gruppengeschehen. Freiräume, die für die Entwicklung von Gruppendynamik erforderlich sind, entstehen in Abhängigkeit von der Tagesstruktur in unterschiedlicher Qualität und Intensität. Gestaltungsschwerpunkte und Gestaltungskriterien, die für den Ablauf der Tagesstruktur gewählt werden, haben unterschiedliche

Auswirkungen auf die Gruppenstruktur und damit auf die Gruppendynamik.

14.1 Strukturmerkmale des Tagesablaufs

Strukturgebende Elemente im Tagesablauf einer sozialpädagogischen Einrichtung können an den Bedürfnissen der Kinder, Jugendlichen bzw. denen der verschiedenen Gruppen orientiert sein:

Bedarfsorientiert bzw. bedürfnisorientiert:

Beispiel

Die Mittagskinder schlafen an einem individuell gewählten Ort, Bett und ggf. auch Raum, versorgen sich selbst mit Objekten und Materialien, schlafen unterschiedlich lange. Wenn sie nicht müde sind, fällt der Schlaf an diesem Tag aus bzw. wenn die Entwicklung so weit fortgeschritten ist, dass der Mittagsschlaf nicht mehr gebraucht wird, entfällt er.

Strukturbezogene Orientierung

Die Tagesstruktur kann auch von formalen Merkmalen bestimmt sein. Dann handelt es sich um eine strukturbezogene Orientierung. Unterschiedliche Strukturmerkmale können für diese Orientierungsform maßgeblich sein, z. B. das Alter.

Altersgruppenbezogene Orientierung:

Beispiel

Alle Kinder einer Altersgruppe schlafen in demselben Raum, zu derselben Zeit und über dieselbe zeitliche Dauer. Wenn dabei weitere Optionen individuell wählbar sind, z. B. der Ort, Begleitobjekte oder Materialien, ändert sich dadurch nicht der Altersgruppenbezug, da davon ausgegangen wird, dass alle Kinder einer Altersgruppe das gleiche bzw. ähnliche Schlafbedürfnis haben.

Ein weiteres Merkmal der Strukturorientierung kann die Verweildauer; die Ankunfts- oder Abholzeit sein.

Beispiel

Alle Kinder mit derselben Abholzeit schlafen in demselben Raum und über denselben Zeitraum hinweg. Dabei werden weder die Altersgruppe mit möglicherweise ähnlichen Bedürfnissen/Erfordernissen noch der individuelle Bedarf berücksichtigt.

Deutlich wird, dass Strukturentscheidungen, hier beispielhaft auf die Altersstruktur und Verweildauer bezogen dargestellt, einer frei wählbaren Gruppenbildung entgegenstehen. Die Kinder werden nach formalen Merkmalen zusammengefasst und verbleiben so in den formalen Gruppen.

Bedarfsorientierte Tagesstruktur

Würde sich die Tagesstruktur durchgängig an formalen Merkmalen orientieren, gäbe es keine gestaltbaren Freiräume, die jedoch notwendig sind, um pädagogisch und bedürfnisorientiert handeln zu können. Eine solche Tagesstruktur entspricht sicherlich nicht der tatsächlichen Praxis in sozialpädagogischen Einrichtungen. Unterschiede gibt es jedoch in der Häufigkeit, mit der die strukturbezogenen Merkmale gewählt werden und die damit die Tagesstruktur unterschiedlich stark bestimmen.

Sachzwänge, die sich z. B. durch die Bring- und Abholzeiten ergeben, müssen sich zumindest an diesen Strukturmerkmalen orientieren, sie sind nur bedingt flexibel organisierbar. Andere Phasen des Tagesabschnittes können jedoch frei gestaltet werden. Diese sollten möglichst häufig geschaffen werden, da lediglich dort Freiräume für Gruppenbildung und gruppendynamische Prozesse entstehen können.

Exkurs: In der Corona-Bewältigungsstrategie entstanden besonders viele Sachzwänge, in der Hoffnung damit die Verbreitung des Virus zu verhindern bzw. zu verlangsamen. Kitas mit offenen Konzepten mussten Gruppen separieren und Kontakte auf Kinder dieser Gruppen einschränken. Kontakte zu Kindern der anderen Gruppen waren verboten. Mit Flatterbändern waren Teile des Außenbereichs jeweils für die einzelnen Gruppen abgegrenzt. (Geschwister-)Kinder, die unterschiedlichen Kita-Gruppen zugeordnet waren, begegneten sich am Flatterband, das Jüngere weinend, weil es sich in der Eingewöhnung befand und die trostspendende Schwester sah, jedoch nicht mit ihr in Kontakt treten durfte. Eine danebenstehende Erzieherin, hilflos und innerlich zerrissen, durfte aufgrund der gesetzlichen Vorgaben den Kontakt nicht ermöglichen bzw. war nicht in der Lage, sich über die Bestimmungen hinwegzusetzen.

14.2 Micro-Transitionen im Tagesablauf

Der Tagesablauf in sozialpädagogischen Einrichtungen ist von vielen Sachzwängen und Zwangsläufigkeiten gekennzeichnet. Diese ergeben sich durch die Ankunft- und Abholzeiten und unterschiedliche formelle Sub-Gruppen wie der Hausaufgabengruppe, Theater-AG, Vorschulgruppe, Sportgruppe etc. Ist der Tagesablauf überwiegend durch das Programm für diese formellen Gruppen strukturiert, bleibt kaum Zeit für die Bildung informeller Sub-Gruppen, für frei gewählte Spielgemeinschaften. Diese sind aber für die Bildung konstruktivistischer Lernprozesse (vgl. Bildungsvereinbarung NRW 2018) und für die Selbstbildung (vgl. Schäfer 2016) besonders wertvoll, sie stellen eine Grundvoraussetzung dafür dar.

Entwicklung von Sozialkompetenz

Damit Kinder bzw. Jugendliche sich zu einer informellen Sub-Gruppe zusammenfinden können, braucht es Zeit. Um sich zu finden, ins Spiel zu kommen, sich zu regulieren und zu platzieren. Selbst wenn davon ausgegangen wird, dass Kinder an die Spiel-Ereignisse des Vortages anknüpfen, kann kein Anknüpfen an dieselbe Konstellation erfolgen, da dies die Anwesenheit derselben Personengruppe voraussetzen würde sowie dieselbe Befindlichkeit und dieselben Bedarfe. Diese ändern sich jedoch, mitunter sogar mehrmals täglich, was zur Folge hat, dass neue Spielthemen, ein neuer Spielfluss und neue Arrangements gefunden werden müssen (König 2020, S. 75 ff.). Das braucht Zeit.

Zeitbedarf – frei verfügbare Zeit

Bleibt für diese Prozesse aufgrund der durchgetakteten Tagesstruktur keine Zeit, ist das nicht nur nachteilig für die Bildung informeller Sub-Gruppen, sondern auch für einen co-konstruktiven und selbstbildenden Bildungsprozess, der in Freispielsituationen, mit seinen vielfältigen und selbstregulierenden Lernprozessen, wegfallen würde.

14.3 Analyse zur Tagesstruktur

Eckpunkte der Tagesstruktur sind die Bring- und Abholzeiten sowie die Mahlzeiten. Damit sind die Zeitfenster von 7:30 bis 9 Uhr durch die Bringphase, ab ca. 14 Uhr bis zum Ende der Betreuungszeiten durch die Abholzeit und das Mittagessen im Zeitfenster von ca. 12 Uhr bis 13 Uhr verplant.

Typische Tagesstruktur

Die Abhol- und Bringzeit kann nur eingeschränkt als Spielzeit betrachtet werden, da die Kinder noch nicht alle anwesend sind bzw. schon abgeholt wurden. Am Ende der Bringzeit folgt meist der Morgenkreis, welcher häufig in der Gesamtgruppe stattfindet. Damit bleibt am Vormittag ein Zeitfenster von ca. 9:30 bis maximal 12 Uhr, bis zum Mittagessen, welches zur freien Verfügung steht. Irgendwann in diesem Zeitraum finden noch das Frühstück und spezifische Gruppenangebote statt.

Am Nachmittag nach dem Mittagessen erfolgt meist eine Ruhephase. Anschließend besteht ein Zeitfenster bis ca. 14 Uhr, der ersten Abholphase, in der sich freiwillig gewählte Spielgruppen bilden können. Danach sind erneut nicht mehr alle Kinder anwesend. Unterbrochen ist dieses frei zur Verfügung stehende Zeitfenster durch den Snack am Nachmittag.

Erkennbar wird, dass der Tagesablauf zu einem erheblichen Teil bereits durch sogenannte Sachzwänge strukturiert ist. Gleichzeitig wird deutlich, wie notwendig eine flexible Gestaltung der verbleibenden Tagesabschnitte ist, um Zeitfenster zu schaffen, die eine bedarfsorientierte Gestaltung erlauben.

Sachzwänge

14.4 Exemplarischer Tagesablauf in einer Kita

Öffnungszeiten: 7:30 bis 16:30 Uhr

Bringzeit: 7:30 bis 9 Uhr

Frühstück: 7:30 bis 11 Uhr

Zu unterscheiden ist zwischen offenem und gemeinsamem Frühstück. Ferner ist zu berücksichtigen, ob und wann das Kind in der Familie gefrühstückt hat. Handelt es sich um ein freiwilliges zusätzliches Frühstück oder ist es die einzige Mahlzeit am Morgen (berufstätige Eltern verlassen sich möglicherweise darauf, dass in der Kita gefrühstückt wird). Eine lange Zeitspanne für das freie Frühstück ermöglicht eine freie Wahl, Spielpausen können für das Frühstück genutzt werden oder unliebsame Situationen mit einem Gespräch am Frühstückstisch überbrückt werden. Jedoch ist der Abstand zwischen 11 Uhr und Mittagessen zu kurz. Hilfreicher ist es, ab 10 Uhr Snacks im Rahmen eines kleinen Snack-Tischs anzubieten.

Morgenkreis: 9 bis 9:45 Uhr. Im Morgenkreis finden die allgemeine Begrüßung, die Orientierung in Zeit und Jahreszeit sowie die gemeinsame Anwesenheitsfeststellung statt. Er kann auch ein wichtiges Instrument zur Gestaltung des Übergangs in das anschließende Spielgeschehen darstellen, indem in diesem Kreisgespräch die bestehenden Ressourcen aufgezeigt und zur Wahl gestellt werden.

Freispiel, eingeschränkt: Von 7:30 bis 9 Uhr und vor Ende der Bringzeit bzw. nach Beginn der Abholzeiten kann das Freispiel nur bedingt stattfinden, da ggf. Spielkamerad:innen noch/schon fehlen und Spielorte (noch) nicht zur Verfügung stehen. In dieser Zeit werden überbrückende niederschwellige Spielangebote benötigt, die einen flexiblen Ein- und Ausstieg ermöglichen und Interesse wecken, um die Micro-Transition Bring-Abhol-Situation bewältigen zu können.

Freispiel: 9:45 bis ca. 11 Uhr

Spiel im Außengelände; bei schönem Wetter 11 bis 12 Uhr.

Das Spiel im Außengelände sollte möglichst flexibel gestaltet werden. Ältere Kinder können in Kleingruppen auch schon am früheren Vormittag ohne Aufsicht draußen spielen (ein entsprechend abgesichertes Gelände vorausgesetzt). Die Kinder, die nicht mit ins Außengelände wollen, können, ggf. mit Aufsicht, drinnen spielen.

Mittagessen: 12:30 bis 13 Uhr

Ruhephase, ggf. eingeschränktes Freispiel: 13:00 bis 14:00 Uhr

Abholzeit I: 14 Uhr

Snack: 14 Uhr

Freispiel, eingeschränkt: 14 Uhr bis 16:30 Uhr

Für diese Phase des Tagesablaufs gilt die gleiche eingeschränkte Freispielmöglichkeit wie in der Bringphase, nur werden die Kinder hier nicht gebracht, sondern abgeholt.

Abholzeit II: 16 Uhr bis 16:30 Uhr

Dies letzte Phase im Tagesablauf ist häufig eine schwierig zu überbrückende Wartezeit für wenige, manchmal einzelne Kinder.

14.5 Methodischer Hinweis zur Tagesstruktur

Ein idealer Tagesablauf hat möglichst viele frei zur Verfügung stehende Zeitfenster, die ein Mindestmaß an Zeiteinheiten nicht unterschreiten sollten, da es für jede Freispielsituation eine Findungs- und Stabilisierungsphase braucht. Aus meiner Sicht sollte jedes Freispielzeitfenster mindestens 45 Minuten groß sein, da es zu Beginn viel Zeit braucht, sich zu finden, Konfliktsituationen durchzustehen, auszuhandeln und in einen Spielfluss zu kommen.

Struktur – Sicherheit vs. Freiraum

Da jede Störung eine Unterbrechung dieses Prozesses darstellt bzw. den Neubeginn erforderlich macht, sollten möglichst wenig Unterbrechungen, die jeweils eine Micro-Transition darstellen, entstehen. Eine entsprechende Tagesstruktur sollte geschaffen werden.

Es gibt einige Fixpunkte in der Tagesstruktur, z. B. das Mittagessen und die Bring- und Abholzeit, auf deren Gestaltung die sozialpädagogischen Fachkräfte nur begrenzt Einfluss nehmen können und welche von den Kindern so hingenommen werden müssen. Deshalb sollten dort in angemessenem und altersgemäßem Umfang Auswahl- und Beteiligungsmöglichkeiten geschaffen werden. Ziel ist es, eine angemessene Selbstbestimmung und Bedürfnisorientierung zu erreichen, wodurch die (Micro-)Transitionen möglichst stressreduziert verlaufen können. So sind z.B. frei wählbare Spielorte während der Bringzeit, ein besonderes Angebot in der Wartezeit bei der Abholung oder die Beteiligung bei der Auswahl der Speisen wichtige Punkte, die eine möglichst große Selbstbestimmung ermöglichen.

Stressreduktion

Weitere Bedingung für eine möglichst günstige Bewältigung von Micro-Transitionen ist die Transitions-Begleitung: Dazu zählen niedrigschwellige Angebote in der Bring-Situation, bei denen eine spontane Teilnahme möglich ist, aus welchen aber auch schnell wieder ausgestiegen werden kann, um auf aktuelle Ereignisse, z. B. die Ankunft des gewünschten Spielpartners, zu reagieren. Ein Beispiel für die Notwendigkeit flexibler Spielsituationen ist die aus Kindersicht unerwartet eintretende Situation, wenn – zumindest in der Wahrnehmung des Kindes – der Elternteil plötzlich in der Tür erscheint oder der bevorzugte Spielpartner endlich ankommt bzw. abgeholt wird und nicht mehr zur Verfügung steht.

Weitere methodische Anregungen zur Gestaltung und Gliederung der Tagesstruktur können z.B. dem Buch „So gelingt der Tagesablauf in Kindergärten" von Bostelmann et al. (2016) entnommen werden.

15 Konflikte in Gruppen

Im Verlauf eines gruppendynamischen Prozesses ergeben sich in Gruppen Konflikte zwischen den Mitgliedern, die aus der Rollendynamik resultieren (vgl. S. 26). Ein weiterer Grund für Konflikte besteht in der Ambivalenz der Bedürfnisse der einzelnen Personen, also zwischen dem Bedürfnis nach Individualisierung und dem nach Zugehörigkeit zu einer Gruppe bzw. Gemeinschaft. Die Notwendigkeit zur Kohäsion, zumindest aber zur Wir-Identifikation innerhalb einer Gruppe, macht für die Person die bereits beschriebene Abwägung des Bestrebens zur Individualisierung mit den

Anforderungen der Zugehörigkeit erforderlich, worin ein Konfliktpotenzial steckt (vgl. Kap. 4, 5, 6).

15.1 Konfliktlösung in gruppendynamischen Prozessen

An die Gruppenleitung wird häufig die Erwartung zur Konfliktlösung herangetragen (Glasl 2020). Es gehört zur Rollenerwartung an Gruppenleitungen und möglicherweise auch zu deren beruflichem Selbstverständnis, als Konfliktlöser:in tätig zu werden. Hier wird die Synchronizität bzw. die Asynchronizität der Rollenerwartung, Rollenzuschreibung und Rollenannahme deutlich (vgl. S. 68).

Konflikte sind notwendig

Je nach beruflichem Selbstverständnis, Gruppenleitungsstil und pädagogischer Grundhaltung (vgl. S. 110) und auch in Abhängigkeit von den konzeptionellen Bedingungen der Einrichtung, wird sich eine spezifische Anforderung und Erwartung an die Gruppenleitung bzgl. deren Konfliktlösungsverhalten ergeben, welches ggf. dahingehend zu reflektieren ist, ob es in angemessener Art und Qualität gezeigt wird.

Konflikte sind anstrengend

Selbstverständlich ist die Gruppenleitung gefordert, größere Konflikte oder gar Eskalationen zu vermeiden. Auch die Analyse und Ursachenerforschung von Konflikten liegt in der Verantwortung von Leitung und Team. Sich als Individuum für Konflikte (Lösungen) allein verantwortlich zu fühlen, wäre jedoch ein falsch verstandenes (berufliches) Selbstverständnis und eine überhöhte Erwartung an eine Person, weil die Ursache von Konflikten häufig in Strukturen und Rahmenbedingungen zu finden sind.

Am Beispiel der Tagestruktur (vgl. S. 121) wurde aufgezeigt, wie bedeutend ein notwendiger Freiraum, eine Abstimmung und Reduzierung von Micro-Transitionen für Gruppen und Individuen ist. Gleichzeitig wurde deutlich, dass Ursachen für entstehende Konflikte in den Rahmenbedingungen gefunden werden können. Aufgabe von Gruppenleitung, Team und Träger ist es daher, die Rahmenbedingungen zu analysieren und ggf. anzupassen.

Dennoch gibt es auch den direkten Konflikt, der sich entweder aus ungünstigen Rahmenbedingungen oder dem intrapersonalen Abwägungsprozess der bereits erwähnten Bedürfnislage ergibt, mit welchem im beruflichen Alltag umzugehen ist. Konflikte gilt es mit verschieden Methoden zu begleiten bzw. zu moderieren (vgl. Glasl 2020).

Konflikte brauchen Begleitung

Häufig praktiziert und in Kooperation und Partizipation mit Kindern und Jugendlichen können die Streitschlichterprogramme genannt werden. Das Modell der Gewaltfreien Kommunikation von Rosenberg (2009) wird auch in vielen sozialpädagogischen Gruppen und Einrichtungen angewendet.

Sozialpädagogisches Arbeiten ist nichts für Harmoniebedürftige

Von Menschen, die in sozialpädagogischen Berufen tätig sind, wird häufig erwartet, dass sie als Helfende und Konfliktlösende tätig werden. Bei dieser Berufsgruppe besteht häufig auch ein entsprechendes Selbstverständnis, sodass eine Rollenerfüllung in diesem Sinne vorprogrammiert ist. W. Schmidbauer geht davon aus, dass dieses berufliche Selbstverständnis, je nach Intensität und Unangemessenheit, als Helfersyndrom bezeichnet werden kann bzw. muss (vgl. Schmidtbauer 2007). Es ist also damit zu rechnen, dass die Einnahme einer helfenden Rolle zwar mit den besten Absichten, nicht aber mit der besten Wirkung verbunden sein muss und sie meist automatisiert und unreflektiert übernommen wird.

Aus dieser alltäglichen Situation des Helfens entsteht nicht selten eine komplexe und hoch dynamische Situation, welche erst einen Konflikt entstehen lässt oder zumindest zur Eskalation eines Konfliktes beiträgt. Dies macht die Reflexion der eigenen Rolle, des eigenen Rollenverständnisses und das Überdenken der Wirkung des Handelns in der Rolle des „Helfenden" erforderlich.

15.2 Dramadreieck

Konflikte werden meist als unangenehm oder gar belastend empfunden. Das Bedürfnis, Konflikte beizulegen bzw. aufzulösen ist daher nachvollziehbar. In Alltagssituationen und/oder weniger reflektierten Situationen wird dies häufig über den scheinbar nächstliegenden und einfachsten Weg versucht, indem die vermeintlich verursachende Person ausfindig gemacht wird. Sind Täter:in und das dazugehörige Opfer benannt, entsteht eine eindeutige Situation, die leichter auszuhalten ist. Die dritte beteiligte Person kann sich dem vermeintlichen Opfer zuwenden und der verursachenden Person kann die Schuld zugewiesen werden. Dadurch entsteht eine Konflikt-Dynamik, die mit dem Dramadreieck, entwickelt von S. Karpman (vgl. Karpman 1968), das der Transaktionsanalyse (vgl. Berne 2002) zuzuordnen ist, gut veranschaulicht werden kann.

Im Dramadreieck wird vom Wechselspiel zwischen den Kommunizierenden innerhalb des Kommunikationsprozesses ausgegangen und davon, dass die Schulzuweisung nie eindeutig sein kann. Die Verhaltensweisen und Rollen der Beteiligten sind jeweils komplementär. Der Konflikt besteht zunächst aus der Dyade Angreifer:in/Täter:in (hier auch als Verfolger:in bezeichnet) und Opfer durch Hinzuziehung einer dritten Person, von welcher die Konfliktlösung erwartet wird, entsteht Dreieck, in welchem sich die Dynamik entwickelt.

Wobei es sich nicht unbedingt um drei Personen handeln muss, es können auch drei Positionen bzw. Koalitionen sein. Auch können die Positionen innerhalb des Dreiecks von zwei Personen in stetigem Wechsel eingenommen werden, indem ihr Verhalten mal mehr der einen und dann wieder der anderen Rolle enspricht. Die Wirkung ist dann auch hier entsprechend dynamisch und zirkulär.

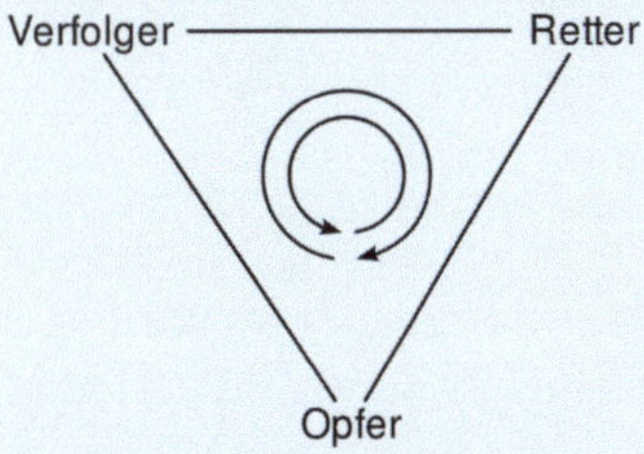

Abbildung 20
Dramadreieck
https://de.wikipedia.org/w/index.php?title=Dramadreieck&oldid=228914760

Helfen ist nicht unbedingt hilfreich

Die Dynamik entsteht durch die jeweilige Rollenerwartung und das jeweilige Selbstverständnis, z.B. weil jemand helfend und unterstützend tätig werden möchte. Bereitwillig wird dann das anklagende und hilfesuchende (vermeintliche) Opfer unterstützt und der/die (vermeintliche) Täter:in oder Verursacher:in angegriffen. Aus der Intention heraus, helfen zu wollen, entsteht diese Dynamik. Auf der vermeintlichen Täterseite wird sich das Bedürfnis der Selbstbehauptung ergeben: Die angegriffene bzw. beschuldigte Person geht zum Gegenangriff über oder sie begibt sich in eine weitere Opferrolle. Sie rehabilitiert sich aus der Täter-Rolle, indem sie sich eine helfende Person sucht. Es wird zum Gegenangriff übergegangen, was wiederum die Notwendigkeit der Verteidigung beim Gegenüber auslöst. Durch die dramatische Dynamik ist die eindeutige Benennung der ursprünglichen Täter:innen und Opfer nicht mehr möglich und wahrscheinlich auch zu vernachlässigen.

15.3 Grafische Darstellung der Rollen im Dramadreieck

Die grafische Darstellung macht deutlich, welche Rollen innerhalb der Dynamik eingenommen werden und wie sie sich gegenseitig stabilisieren.

Abbildung 21
Dramadreieck mit Beziehungsdynamik, © Paulussen

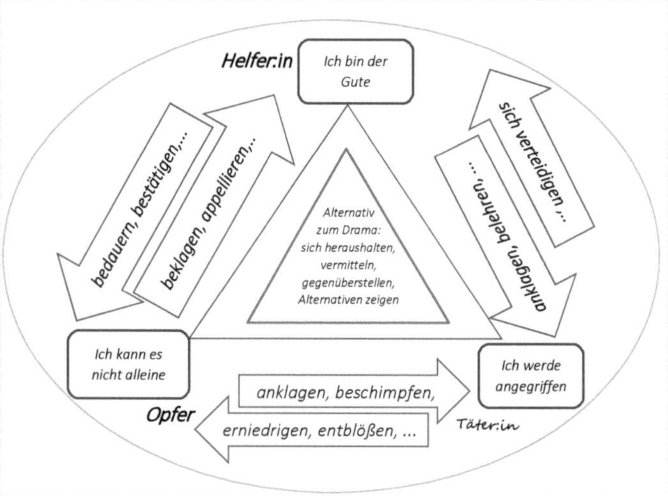

Bestimmte Rollenergänzungen, z. B. die zwischen Helfer:in und Opfer, werden zum Rollen- und Selbstverständnis verfestigt. Das Opfer wird zunehmend hilfloser, muss in dieser Rolle verbleiben, damit die helfende Person ihre Bestätigung aus der Rolle des Helfenden weiterhin gewinnen kann. Die Rolle des Täters wird hier „gebraucht". Keine dieser Rollen wird, wie es von dynamischen Modellen zu erwarten ist, dauerhaft und stabil eingenommen.

Um Dynamiken zu vermeiden, die zu einer Eskalation eines Konflikts oder der Manifestation dieses Rollenverhaltens führen, ist ein vermittelndes, unparteiliches Verhalten erforderlich, wie es in dem zentralen Feld der grafischen Darstellung genannt ist. Dadurch soll die Dramadreieckdynamik durchbrochen bzw. ihre Entstehung vermieden werden.

Die Phasen eines Konfliktes, die in seinem Verlauf entstehen, beschreibt F. Glasl (2020). Er macht deutlich, in welchen Phasen eines Konfliktverlaufes noch eine Lösung für alle Beteiligten angestrebt werden kann und wahrscheinlich ist, also die Win-win-Situation, und wann ein Konflikt so weit eskaliert ist, dass es für alle Beteiligten zu Verlusten kommt, die Lose-lose-Situation.

Konflikte eskalieren

Gelingt es, Konflikte dahingehend zu begleiten, dass es zu einer deeskalierenden Situation kommt, muss von einem sich langsam entwickelnden Veränderungsprozess ausgegangen werden, der bestimmten Phasen unterliegt. K. Levin hat diese analysiert.

15.4 Veränderungsphasen nach Kurt Lewin

K. Lewin (vgl. Lewin 1947)[8] geht davon aus, dass Veränderungen in einem System in drei Phasen verlaufen. Mit einem System kann eine Familie, eine Gruppe oder auch eine Gesellschaft gemeint sein. Auch Veränderungen innerhalb einer Person, die sich z. B. durch einen therapeutischen Prozess ergeben, führen zu einer anderen Gewichtung verschiedener Persönlichkeits- und Verhaltensanteilen. Auch das ist eine Veränderung in einem (Persönlichkeits-)System.

[8] 3-Phasen-Modell von Lewin. In: Wikipedia – https://de.wikipedia.org/w/index.php?title=3-Phasen-Modell_von_Lewin&oldid=224139880 (Abgerufen: 26. Juli2022).

Abbildung 23
3-Phasen-Modell Konfliktlösung, eigene Darstellung nach Lewin

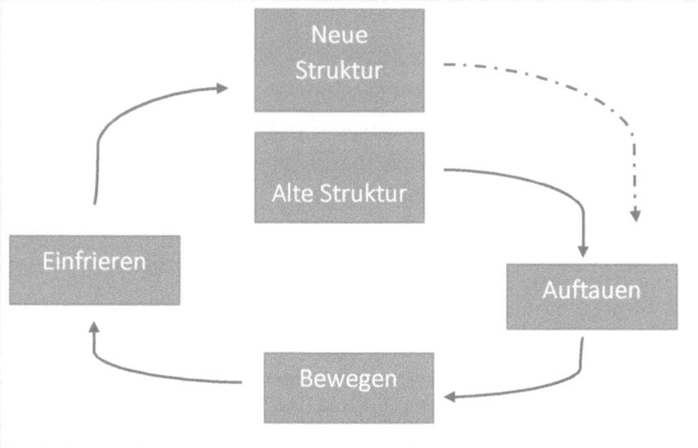

Aus bislang bestehenden Systemen entwickelt sich eine Veränderung nur dann, wenn bestehende Strukturen zunächst aufweichen, was voraussetzt, dass deren Gültigkeit in Frage gestellt wird. Es könnte das Ergebnis einer gelungenen Konfliktbewältigung sein. Die Einigung darauf, dass bislang Bestehendes künftig anders sein soll.

Aus diesem, möglicherweise als Chaos empfundenen Veränderungsprozess heraus, muss eine neue Struktur aufgebaut werden, die sich dann etablieren kann.

Bezeichnet werden diese drei Phasen:

1. Auftauen (englisch: Unfreezing)
   Unter Auflockern bzw. Auftauen versteht Lewin das Vorbereiten einer Veränderung. In dieser Phase werden Pläne mitgeteilt, die von der Änderung Betroffenen werden in die Diskussion einbezogen, Unterstützung wird entwickelt und es wird ganz allgemein Zeit eingeräumt, sich auf die Veränderung vorzubereiten.
2. Hinüberleiten/Bewegen (englisch: Moving)
   In der zweiten Phase wird auf das neue Niveau hinübergeleitet. Die Einführung neuer Gruppenstandards wird durch direktes Eingreifen der Verantwortlichen und durch Training verstärkt und der Prozess überwacht.

3. Verfestigen/Einfrieren (englisch: Freezing)
   Die letzte Phase dient dem Verfestigen der „Umgewöhnung" der Gruppe. Der neue Prozess muss sich vollständig einpassen und ganz natürlich „dazugehören".

15.5 Fazit

Um eskalierende Verläufe von Konflikten in Gruppenprozessen zu vermeiden, ist es in der sozialpädagogischen Praxis erforderlich, immer wieder die Einnahme der eigenen Rolle in Konfliktsituationen zu reflektieren. Die in der grafischen Darstellung des Dramadreiecks aufgezeigten Rollen- und Rollenergänzungen verdeutlichen, zu welchen Dynamiken, aber auch Manifestierungen von Rollen es in Konflikten kommen kann und wie potenzierend sich ggf. die Rolle des/der Helfenden auswirkt.

An der Rolle des Opfers, das sich hilfesuchend an den Retter wendet, wird schon deutlich, dass das Opfer die Rolle der schwachen, hilfebedürftigen Person annimmt und damit dem Retter die Rolle des/der Kompetenten ermöglicht oder gar zuschreibt. Wird diese Dynamik unkritisch angenommen und fortgesetzt, entsteht eine Manifestation dieser Rollen und auch die der Dynamik innerhalb des Rollensettings im Dramadreieck.

Denn wenn sich die als vermeintliche:r Täter:in ausgemachte Person, die sich möglicherweise lediglich expressiv verhält, sehr unter Druck gesetzt sieht, bleibt dieser Person nichts anderes übrig, als in die Verteidigung und ggf. in den Gegenangriff zu gehen, um sich ihres Selbsterhalts wegen zu wehren. Womit, einer sich selbst erfüllenden Prophezeiung gleich, aus dem bislang lediglich expressiv handelnden Menschen tatsächlich ein:e Täter:in wird. Der oder die Retter:in wird noch mehr gefordert, hat noch mehr die Chance, sich als solche:r zu bewähren, wohingegen das Opfer noch mehr in die Rolle des oder der Hilfebedürftigen gelangt; um hier nur einen möglichen Verlauf nachzuzeichnen.

In der alltäglichen beruflichen und sozialpädagogischen Praxis stellen sich Routinen ein, die zu einer weniger reflektierten Wahrnehmung, zur sogenannten Betriebsblindheit führen. Ein: „Ach der/die schon wieder" oder „jetzt reicht es aber mit dem/der". Das ist verständlich, sollte aber immer wieder neu reflektiert und vor dem Hintergrund des dynamischen Rollenverhaltens betrachtet werden.

Die alternative Handlung, welche sich für die sozialpädagogische Kraft ergibt, um die oben beschriebene ungünstige Helferrolle zu vermeiden, wäre ein Abwägen, ein Gegenüberstellen, für gegenseitige Empathie werben etc., wie es im zentralen Dreieck der Grafik genannt wird. Angemessener erscheint dieses sozialpädagogisch professionelle Verhalten auch vor dem Hintergrund, dass die Verursachenden von Konflikten wegen der Zirkularität der Ursachen nicht auszumachen sind.

Nach systemischer Betrachtungsweise liegen die Ursachen von Konflikten meist in strukturellen Bedingungen. Mangelnde zeitliche, räumliche Ressourcen, ungünstige konzeptionelle Bedingungen, eine ungünstige Tagestruktur, viele fremdbestimmte Situationen etc. sind sehr häufig Auslöser. Das Individuum als Schuldige:n und Ursache zu benennen, ist eher eine situative und abwehrende Aktion und Reaktion, dem Sündenbock-Phänomen folgend. Dieses Vorgehen ermöglicht es, sich den komplexeren strukturellen Bedingungen nicht zuwenden zu müssen, die als Quellen vorrangig einzubeziehen und abzuändern wären.

16 Zusammenfassung

Mit diesem Buch ist die Hoffnung verbunden, mehr soziologische und systemische Aspekte in sozialpädagogische Handlungsfelder einzubinden. Während meiner beruflichen Entwicklung als Erzieherin in den 1980er-Jahren, im Studium der Sozialwissenschaften in den 1990er-Jahren und anschließend im Studium der beruflichen Fachrichtung Sozialpädagogik sowie in der systemischen Ausbildung und Tätigkeit, wurde mir bewusst, wie grundlegend und relevant diese soziologischen und systemischen Anteile in ihrer jeweiligen Bedingtheit zur Pädagogik, Psychologie, zu den Sozialisationstheorien, der Co-Konstruktion und den Lerntheorien sind.

In den Erziehungs- und Sozialwissenschaften stehen die multikausalen Zusammenhänge und die Bedeutung des

Umfeldes für die Entwicklung des/der Einzelnen im Fokus. Nicht der unterweisende und vermittelnde Erwachsene als Sozialisationsagent ist zentrales Element der Erziehung (im Sinne eines Anpassungsprozesses an die Gesellschaft, welche dann wohl als eindimensional und autoritär betrachtet werden müsste), sondern der gegenseitige Einfluss der Einzelnen auf die Gemeinschaft und das der Gesellschaft auf die Einzelnen. Diese Annahme ist zentral und grundlegend für eine bedarfsorientierte, respektvolle und systemische Pädagogik und für offene und demokratische Gesellschaften. Aufgrund dieser wechselseitigen Wirksamkeit sollten soziologische und systemische Anteile in der sozialpädagogischen Ausbildung und Praxis einen großen Stellenwert erhalten. Das macht u.a. erforderlich, Gruppe und Gruppendynamik zu verstehen, einzubeziehen und gruppen-dynamische Prozesses angemessen zu begleiten.

Stattdessen nehme ich in der sozialpädagogischen Ausbildung und Praxis eine Tendenz zur Fokussierung auf den einzelnen Menschen, das einzelne Kind wahr. Dessen Entwicklungsstand, dessen Probleme, dessen Störungen werden thematisiert, von der Frage begleitet, ob sie normgerecht sind, innerhalb des Toleranzbereichs liegen oder gar davon abweichen. Diese Aspekte sind wichtig, es müssen jedoch die Rahmenbedingungen als weitere Faktoren einbezogen werden, die auf das Ganze einwirken. Nicht das Defizit des/der Einzelnen sollte im Fokus einer systemischen und pädagogischen Planung und Begleitung stehen, sondern die Ressourcen (vgl. Ehrensprenger/Stierli 2020; Hubrig 2010) und Bedarfe.

Ein zeitgemäßes pädagogisches Handeln wird in der Bedürfnis-, Interessen- und Situationsorientierung gesehen. Ähnliches findet sich in der Systemischen Pädagogik, welche in den letzten Jahren zunehmend formuliert wird. Der situationsorientierte Ansatz (Krenz 2005) ist verbindlich, in den Bildungsvereinbarungen der Länder wurde Entsprechendes vereinbart, wie auch im KJHG (2022), z.B. die Partizipations- und Beteiligungsrechte von Kindern und Jugendlichen.

Daraus ergibt sich ein Bildungsverständnis, in dem die sogenannte Selbstbildung im Vordergrund steht (vgl. Schäfer et al. 2011). Aufgabe der sozialpädagogischen Fachkräfte ist es demnach, die Rolle der Bildungsbegleiter:innen einzunehmen und entsprechende Rahmenbedingungen zu schaffen, die für die Entwicklung der im Kind angelegten Potenziale notwendig sind.

Sozialpädagogisches Handeln ist nicht produkt- bzw. ergebnisorientiert. Das Erziehungsziel für das Individuum ist nicht extern definiert, sondern prozessorientiert. Durch sozialpädagogisches Handeln werden Rahmenbedingungen geschaffen, in welchen der selbstgesteuerte Bildungsprozess im konstruktivistischen Sinne stattfindet. Damit nimmt sozialpädagogisches Handeln zwar nur mittelbaren Einfluss auf das Ergebnis, aber erheblichen auf den Prozess.

In dem von M. Carr (2007) entwickelten Konzept der Bildungs- und Lerngeschichten werden, basierend auf der von F. Laevers (2009) erforschten Leuvener Engagiertheitsskala, die den Grad des Wohlbefindens und der Engagiertheit als ideale Grundlage für Lernen und Sozialisation ausmachen, Lerndispositionen abgeleitet, die eine weitergehende Relevanz für Lern- und Entwicklungsprozesse darstellen:

- Interessiertsein,
- Standhalten bei Herausforderungen,
- Mitteilungsbedürfnis und Ausdrucksmöglichkeit gegenüber anderen,
- Mitwirken und Übernahme von Verantwortung für die Gruppe.

Die Zugehörigkeit zur Gemeinschaft, sich ihr gegenüber mitzuteilen und Rückmeldungen von ihr zu erhalten (das alles sind auch Bestandteile der Selbstwirksamkeit), stellen die grundlegenden wichtigen Rahmenbedingungen der individuellen Entwicklung dar.

Eine systemische und moderne Pädagogik sollte sich daher dadurch auszeichnen, dass es keine im engerem Sinne vordefinierten Ziele und keine in diesem Sinne zielgerichtete Planung gibt. Häufig werden in der sozialpädagogischen Ausbildung die Zielkriterien SMART, ein Akronym für Spezific, Measurable, Achievable, Reasonable, Time-bound (spezifisch, messbar, erreichbar, angemessen, terminiert) verwendet, die ursprünglich aus dem Projektmanagement und der

Personalentwicklung stammen. Dass diese angesichts des oben genannten konstruktivistischen und begleitenden Erziehungs- und Bildungsverständnisses kaum angemessen sein können, wird deutlich.

Gruppe, Gemeinschaft, das Gegenüber haben eine zentrale Rolle im Sozialisationsprozess. Lernen an, mit und in der Gruppe, so nenne ich diese Entwicklungsrahmenbedingungen. Alles, was mich als Mensch, als Individuum ausmacht, entsteht erst in der Gemeinschaft und erhält erst in dieser Bedeutung, Wertigkeit und Sinnhaftigkeit.

„Der Mensch wird am Du zum Ich" (Buber 1999).

Abbildungsverzeichnis

Literaturverzeichnis

anti-bias-netz (Hg.) (2021): Vorurteilsbewusste Veränderungen mit dem Anti-Bias-Ansatz. Freiburg i. B.: Lambertus Verlag.

Anton, K./Stützel-Hebel, M. (2017): Einführung in die Praxis der Feldtheorie. Heidelberg: Auer Verlag.

Antons, K. E. (2019): Praxis der Gruppendynamik. Übungen und Techniken. 10. Auflage. Göttingen: Hogrefe.

Budziat, R./Kuhn, H. (2021): Gruppen und Teams professionell beraten und leiten. Göttingen: Vandenhoek & Ruprecht.

Bandura, A. (1994): Ansätze zu einer sozial kognitive Lerntheorie. Stuttgart: Klett-Cotta.

Behnisch, M./Lotz, W./Maierhof, G. (2013): Soziale Gruppenarbeit mit Kindern und Jugendlichen Theoretische Grundlagen – methodische Konzeption – empirische Analysen. Weinheim/Basel: Beltz Juventa.

Belbin, R. M. (2010): Managment Teams: Why They Succeed or Fail. London: Routledge.

Berne, D. E. (2002): Spiele der Erwachsenen: Psychologie der menschlichen Beziehungen. Reinbek: Rowohlt.

Berne, E. (2002): Spiele der Erwachsenen: Psychologie der menschlichen Beziehungen. Reinbek: Rowohlt.

Bernstein, S./Lowy, L. (1988): Untersuchungen zur Sozialen Gruppenarbeit in Theorie und Praxis. Freiburg i. Br.: Lambertus-Verlag.

Birgmeyer, B. (2009): Coachingwissen: Denn sie wissen nicht was sie tun? Wiesbaden: VS Verlag für Sozialwissenschaften.

Bostelmann, A./Klingen, V./Schaper, S. (2016): So gelingt der Tagesablauf im Kindergarten, Tipps und Tricks für den Kindergartenalltag. Berlin: Bananenblau – Der Praxisverlag für Pädagogen.

Buber, M. (1999): Das dialogische Prinzip. Gütersloh: Gütersloher Verlagshaus.

Fläming, K./Leu, H.R. et al. (2007): Bildungs- und Lerngeschichten. Bildungsprozesse in früher Kindheit beobachten, dokumentieren und unterstützen. Berlin: Verlag das Netz.

Christen, J./König, O./Schattenhofer, K. (2001): Angewandte Gruppendynamik und die Sektion Gruppendynamik, in: Deutscher Arbeitskreis für Gruppenpsychotherapie und Gruppendynamik. Von Deutsche Gesellschaft für Gruppendynamik und Organisationsdynamik, www.dggo.de/Weiterbildung (Abruf 28.04.2022).

Dahrendorf, R. (2010): Homo sociologicus. Ein Versuch zur Geschichte, Bedeutung und Kritik der Kategorie der sozialen Rolle. Wiesbaden: VS Verlag für Sozialwissenschaften.

Doer, H. u. a. (1997): Soziologische Bausteine. Bochum: Studienverlag Dr. N. Brockmeyer.

Drexler, D. (2015): Einführung in die Systemaufstellung. Heidelberg: Auer Verlag.

Durkheim, E. D. (1973): Le suicide de sociologie. Deutsche Übersetzung von Herkommer S. und H. Der Selbstmord. Neuwied/Berlin: Luchterhand.

Ebbecke-Nohlen, A. (2020): Einführung in die systemische Supervision. Heidelberg: Auer Verlag.

Ehrensprenger, H./Stierli, P. (2020): Keine Panik vor Dynamik! Heidelberg: Auer Verlag.

Elder, G. H. (1962): Family structure and the transmission of values and norma in the process of child rearing. Dissertation, https://de.wikipedia.org/w/index.php?title=Glen_Elder&oldid=21482224331 (Abruf 05.2022).

Erikson, E. H. (1988): Der vollständige Lebenszyklus. Berlin: Suhrkamp Verlag.

Festinger, L. (2019): Theorie der kognitiven Dissonanz. Göttingen: Hogrefe.

Freitag, S./Krüger, T./Richter, J. (2011): Trainingshandbuch – Lernförderliche Gruppenentwicklung. Hamburg: Landesinstitut für Schulentwicklung.

Fuchs-Henritz, W. u. a. (2010): Lexikon zur Soziologie. Wiesbaden: Springer VS.

Geramanis, O. (2020): Mini-Handbuch der Gruppendynamik. Weinheim Basel: Beltz.

Glasl, F. (2020): Konfliktmanagment: Ein Handbuch für Führung, Beratung und Mediation. Stuttgart: Freies Geistesleben.

Goffman, E. (2010): Stigma: Über Techniken der Bewältigung beschädigter Identität. Berlin: Suhrkamp Verlag.

Griebel, W./Niesel, N. (2011): Übergänge verstehen und begleiten. Berlin: Cornelsen Verlag an der Ruhr.

Günder, R./Nowacki, K. (2020): Praxis und Methoden der Heimerziehung. Entwicklungen, Veränderungen der stationären Erziehungshilfe. Freiburg i. Br.: Lambertus.

Gutknecht, D. J. (2022): Jedes Verhalten hat seinen Sinn. Freiburg i. Br.: Herder.

Hart, R. A. (2016): Children`s Participation: The Theory and Practice of Involving Young Citizens in Community Development and Environmental Care. London: Routledge.

Heisenberg, W. (1927): Über den anschulichen Inhalt der quantentheoretischen Kinematik und Mechanik. In: Zeitschrift für Physik.

Hendrich, F. (2002): Ratschläge und Seitenhiebe für Manager. Wien: Signum Wirtschaftsverlag.

Hubrig, C. H. (2014): Lösungen in Schulen. Systemisches Denken in Unterricht, Beratung und Schulentwicklung. Heidelberg: Auer Verlag.

Hurrelmann, K./Bauer, U. (2021): Einführung in die Sozialisationsforschung: Das Modell der produktiven Realitätsverarbeitung. Weinheim: Beltz.

Joas, H./Steffen, M. (2020): Lehrbuch der Soziologie. Frankfurt a. M.: Campus.

Karpman, S. (1993): Dramadreieck, in: Handwörterbuch der Transaktionsanalyse. Sämtliche Begriffe der TA praxisnah erklärt. Freiburg i. Br.: Herder Verlag.

Kast, V. (2013): Trauern, Phasen und Chancen des psychischen Prozesses. Freiburg i. Br.: Kreuz Verlag.

Keckeisen, W. (1974): Die gesellschaftliche Definiton abweichenden Verhaltens. Pespektiven und Grenzen des labeling approach. München: Juventa.

Klein, A./Schmidt, B. (2009): ICH –DU –WIR ALLE! 33 Spiele für soziales Kompetenztraining. Mülheim an der Ruhr: Verlag an der Ruhr.

König, O. S. (2022). Einführung in die Gruppendynamik. Heidelberg: Carl-Auer-Verlag.

Krappmann, L. (1995): Alltag der Schulkinder: Beobachtungen und Analysen von Interaktionen und Sozialbeziehungen. Weinheim/München: Juventa.

Krappmann, L. (2000): Soziologische Dimensionen der Identität: Strukturelle Bedingungen für die Teilnahme an Interaktionsprozessen. Stuttgart: Klett-Cotta.

Krenz, A. (2004): Situationsorienter Ansatz auf eine Blick. Freiburg i. Br.: Herder.

Krenz, A. (2005): Der Situationsorientierte Ansatz im Kindergarten. Freiburg i. Br./Basel/Wien: Herder.

Küls, H. (2009): Lernen in Lernfeldern – kritische Anmerkungen zur Weiterentwicklung einer Didaktik der Spezialpädagogik, www.kindergartenpaedagogik.de/fachartikel/ausbildung-studium-beruf/erzieher-in-ausbildung-an-fachschulen/1983 (Abruf 06.04.2022).

Laevers, F. u. a. (2003): Leuvener Engagiertheitsskala. Leuven: Leuven University Press.

Laevers, F. (2009): Beobachten und Begleiten von Kinder. Erkelenz: Schlömer & Kellermann.

Laewen, H.-J. (2011): Ein Modell zur Gestaltung der Eingewöhnungssituation von Kindern in Krippen und Tagespflege. Berlin: Cornelsen-Verlag.

Langmaack, B./Braune-Krickau, M. (2010): Wie die Gruppe laufen lernt. Weinheim: Beltz.

Lazarus, R. (1999): Stress and Emotion. New York: A new synthesis. London: Free Association Book.

Lehrplan für Fachschulen der Sozialpädagogik NRW (1992).

Lewin, K. (1948): Die Lösung sozialer Konflikte. Bad Nauheim in: Werksausgabe K. Lewin, Hg. Graumann, C. Stuttgart.: Christian Verlag.

Lewin, K. (2012): Feldtheorie in den Sozialwissenschaften. Göttingen: Hogrefe AG.

Lompscher, J./Rückriem, G. Hg. (2014): Vygotskij, L. S. (2002). Denken und Sprechen: Psychologische Untersuchung. Weinheim/Basel: Beltz.

Lück, H. E. (2001): Kurt Lewin. Eine Einführung in sein Werk. Weinheim: Beltz.

Luft, J./Ingham, H. (1955): The Johari window, a graphic model of interpersonal awareness. Los Angeles: UCLA.

Marcia, J. (1993): Ego Identity: A Handbook for Psychosocial Research. New York, u. a.: Springer Verlag.

Mead, G. (1978): Geist, Identität und Gesellschaft. Frankfurt a. M.: Suhrkamp.

Ministerium für Kinder, Familie, Flüchtlinge und Integration des Landes Nordrhein-Westfalen/Ministerium für Schule und Weiterbildung des Landes Nordrhein-Westfalen (Hg.) (2018): Bildungsgrundsätze NRW. Freiburg i. Br.: Herder.

Ministerium des Innern (2022): Kinderbildungsgesetz NRW Kibiz. Düsseldorf: Land NRW.

Ministerium für Bildung, NRW (Hg.) (2022): Fachschule (Anlage E), berufsbildung.nrw.de/cms/bildungsgaenge-bildungsplaene/fachschule-anlage-e (Abruf 03.08.2022).

Moreno, J. L. (2014): Die Grundlage der Soziometrie. Wege zur Neuordnung der Gesellschaft. Köln: VS Verlag für Sozialwissenschaften.

Mosell, R. (2016): Systemische Pädagogik: Ein Leitfaden für Praktiker. Weinheim/Basel: Beltz Verlag.

NRW (Hg.) (2022): KiBiZ, Gesetz zur frühen Bildung und Förderung von Kindern, lexsoft.de (Abruf 05.02.2022).

Petermann, F. u. a. (2007): Trainig mit Jugendlichen. Aufbau von Arbeits-und Sozialverhalten. Göttingen: Hofgrefe.

Piaget, J. J. (1998): Der Aufbau der Wirklichkeit beim Kinde. Stuttgart: Klett-Cotta.

Piaget, J. J. (2015): Das Weltbild des Kindes: Schlüsseltexte. Stuttgart: Klett-Cotta.

Picht, G. (1964): Die Deutsche Bildungskatasrophe. Freiburg i. Br.: Walter-Verlag.

Reimann, H. (2013): Basale Soziologie. Wiesbaden: VS Verlag für Sozialwissenschaften.

Remsperger, R. (2013): Das Konzept der Sensitiven Responsivität. Ein Ansatz zur Analyse des pädagogischen Antwortverhaltens in der ErzieherInnen-Kind-Interkation. In: Frühe Bildung, 2013/1. Göttingen: Hogrefe.

Renolder, C. S. (2012): Einfach systemisch – systemische Grundlagen & Methoden für Ihre pädagogische Praxis. Münster: Ökotopia Verlag.

Rogers, C. (2006): Die Entwicklung der Persönlichkeit: Psychotherapie aus der Sicht eines Therapeuten. Stuttgart: Klett-Cotta.

Rosenberg, M. (2009): Gewaltfreie Kommunikation. Paderborn: Junfermann.

Rutschky, K. E. (1977): Schwarze Pädagogik. Berlin: Ullstein.

Schäfer, G. E. (2004): Bildung beginnt mit der Geburt. Berlin: Cornelsen.

Schäfer, G. E. (2019): Bildung durch Beteiligung: Zur Praxis und Theorie frühkindlicher Bildung. Weinheim: Beltz Juventa.

Schäfer, G. E./Fuchs, R./Strätz, R. (2011): Bildung beginnt mit der Geburt. Für eine Kultur des Lernens in Kindertageseinrichtungen. Berlin: Cornelsen.

Schneider,W./Lindenberger, U. Hg. (2018) Entwicklungspsychologie: Weinheim/Basel: Beltz Verlag.

Schindler, R. (1969): Das Verhältnis von Soziometrie und Rangordnungsdynamik, in: Gruppenpsychotherapie und Gruppendynamik Band 3. Göttingen: Vandenhoek & Ruprecht.

Schindler, R. (2016): Grundprinzipien der Psychodynamik in der Gruppe. in: C. Spaller (Hg.). Das lebendige Gruppengefüge. Gießen: Psychsozial-Verlag.

Schmidbauer, W. (1992): Hilflose Helfer: Über die seelische Problematik der helfenden Berufe. Reinbek bei Hamburg: rororo.

Schmidbauer, W. (2007): Das Helfersyndrom: Hilfe für Helfer. Reinbek bei Hamburg: rororo.

Seligman, M. E. (2016): Erlernte Hilflosigkeit. Weinheim: Beltz.

Stangl, W. (2023): Gruppenkohäsion, (04. Februar 2022). https://lexikon.stangl.eu/149/gruppenkohaesion (Abruf 03.01.2023).

Stierlin, H. (1976): Das Tun des Einen ist das Tun des Anderen: Eine Dynamik menschlicher Beziehungen. Frankfurt a. M.: Suhrkamp.

Tändler, M. (2016): Das therapeutische Jahrzehnt, der Psychoboom in den siebziger Jahren. Göttingen: Wallenstein-Verlag.

Taplan-Bach, M. /Böhm, R./Horn, M./Knospe, N./Skubinn, B. (2014): Kinder unter 3 Jahren. Ein Lehr- und Arbeitsbuch. Braunschweig: Westermann.

Tschöpe-Scheffler, S. (2011): Fünf Säulen der Erziehung: Wege zu einem entwicklungsfördernden Miteinander von Erwachsenen und Kindern. Ostfieldern: Patmos-Verlag.

Tuckman, B.W. (1965): Development Sequence in Small Groups. Psychological Bulletin.

Wasmund, S. (Hg.): KJHG, Kinder- und Jugendhilfegesetz, www.sozialgesetzbuch-sgb.de/sgbviii/1.html (Abruf 22.01.2022).

Weiner, B. (1994): Motivationspsychologie. Weinheim: Beltz-Verlag.

Wikipedia (o. J.): Gruppenkohäsion, wikipedia.org/wiki/Gruppenkohäsion: http://de.wikipedia.org/wiki/Gruppenkohäsion (Abruf: 11.01.2023).

Die Autorin

Kerstin Paulussen ist tätig an einer Fachschule für Sozialpädagogik, studierte die Berufliche Fachrichtung Sozialpädagogik – Lehramt für die Sekundarstufe II – in Dortmund und Diplom Sozialwissenschaften in Wuppertal.

Seit 2016 ist sie als DGSF zertifizierte systemische Beraterin und Therapeutin/Familientherapeutin und als Fortbildnerin tätig.

Die Methode Sozio scrum®board wurde 2022 als soziometrisches Verfahren für Soziogramm, Genogramm oder Soziales Atom u. w. markenrechtlich registriert.

Mit der Sozio scrum® Akademie werden darauf bezogene Fortbildungen angeboten.

https://beratung-paulussen.de

Mail: info@beratung-paulussen.de

https://sozioscrum.com

https://wa.me/c/491782635627

77 Ökospiele und -Projekte für Kita und Grundschule

77 praktische Projektkarten für eine ganzheitliche Umweltpädagogik.

Mit viel Spaß erkunden Kinder ihre Umwelt und lernen, achtsam mit ihr umzugehen und sie zu schützen. Die 77 liebevoll illustrierten Karten zu 7 Themengebieten enthalten kreative Ideen für Spiele, Experimente, Ausflüge und vieles mehr für eine nachhaltige Umweltbildung im frühen Kindesalter. Auf einen Blick werden auf jeder Karte das pädagogische Ziel, die benötigten Materialien und die Projekt- oder Spielanleitung ersichtlich; viele enthalten zudem zusätzliche Variationen und Tipps. Die Aktivitäten lassen sich sowohl einzeln zwischendurch wie auch kombiniert als größere Projekte über einen längeren Zeitraum oder zu einem bestimmten Themenkomplex durchführen.

Die folgenden 7 Erlebnisfelder werden abgedeckt:

- Wald und Wiese
- Garten
- Haushalt
- Einkaufen
- Ernährung
- Gesundheit
- Müll

Peter Thiesen

77 Ökospiele und -Projekte für Kita und Grundschule

Kartenset

1. Auflage, 2021
Box 154 x 220 mm, 77 Karten
29,90 €
ISBN 978-3-7841-3252-5

Psycho Kick – Das Original

Was ist Freundschaft? Wie will ich leben? Wer ist mir wichtig? Was ist Liebe? Wer bin ich?

Das sind wichtige Fragen, die uns alle, aber insbesondere Jugendliche beschäftigen - und mit denen sich das Spiel „PsychoKick - Das Original" auseinandersetzt. Auf 130 bunten Karten werden viele spannende Fragen gestellt, die mal tiefsinnig, mal humorvoll nach dem Selbstbild, persönlichen Wertvorstellungen, Zukunftswünschen, Freundschaft und Liebe fragen. Perfekt, um sich und andere (noch besser) kennenzulernen und gemeinsam über diese Themen zu diskutieren.

Das Spiel eignet sich für spannende Gesprächsrunden mit Freunden genauso wie für Gruppen Jugendlicher oder Erwachsener, die sich neu kennenlernen, als „Mitnahme-Spiel" für Reisen, Seminare, Fortbildungen, für Interaktions-Spiel-Gruppen oder die außerschulische Jugend- und Erwachsenenbildung.

Peter Thiesen

Psycho Kick – Das Original

Das Kommunikationsspiel für Jugendliche und Erwachsene

3. Auflage, 2018
Box, 130 Spielkarten in Stülpschacht
16,90 €
ISBN 978-3-7841-3004-0